에덴 입장권

에덴 입장권

전영관 시집

청색종이

시인의 말

결승선으로 확신하고 달려가 보면
반환점이었다

전영관

차례

에덴 입장권

전영관 시집

005 시인의 말

I

013 피아노 조율사
015 새벽
016 플리마켓
018 박하사탕
020 카페 테라스
022 어죽
024 층간소음
026 마르크스 책방
028 오후의 크로키
030 콜드 브루(cold brew)
032 혼자
034 햇살은 가득히
036 수동태
038 막회

040 눈
042 정기검사
044 피아니시모

II

049 3월
051 택배원
052 매화 알람
054 희망 사항
056 분리배출
058 피로연
060 셔터
062 바라만 보는 것
064 아무도 모르게
066 넷플릭스
068 생일
070 반계리
072 원생모집
074 소소(昭蘇)
076 참견하지 않는 마음
078 목련
080 능내역 육개장집
082 교체

III

- 087 시트콤
- 089 첫눈
- 090 구경
- 092 납량만흥(納凉漫興)
- 094 모녀
- 096 성탄 트리
- 098 바깥
- 100 에덴 입장권
- 102 부품의 탄생
- 104 사이
- 106 단맛
- 108 용역
- 110 멜랑콜리아(melancholia)
- 112 생인손
- 114 바닥
- 116 내린천
- 118 빈자리 로드무비

IV

- 123 벙어리 종
- 125 절벽카페 엠클리프
- 126 파주 성모요양병원
- 128 새 옷

130 호의
132 다음 날
134 점심시간
136 청평호
138 우기
140 서랍
142 해빙
144 프레임
146 무지개
148 2,000

해설
151 크로키 고현학 | 이재훈(시인)

I

피아노 조율사

차별이라는 높낮이를 조절해놓고
순서대로 살펴보겠지

하나의 음을 정하면 이전 것은 사라진다
늑골이 어긋나듯 아픈 사랑도
새 인연을 만나면 지워지는 것이다

애인의 노래 음계가 틀려도 웃어주는 마음처럼
어긋남도 알아야 조율할 수 있는 것

피아노 교습에 시달리다가
쉼표 뒤에 숨고 싶은 아이를 찾아
어르고 다독이는 사람
악보 떨어트리고 딴청 하는 아이마냥 이탈하는 음을
데려와 제자리에 앉히는 사람

가라앉은 마음에는 올라오라고 #을
화가 치솟아 누군가가 다칠 것 같을 때는

내리라고 ♭을 붙여주는
감정 조정인인데
조율산업기사라는 자격증이 붙었으니
조화보다 규격을 믿는 세상이다

차별받고 억울하고 울렁거리는
생을 조율할 수만 있다면
그에게 부탁하련다

새벽

나쁜 꿈을 겪고 일어나면
그것들이 휘발될 때까지 침대 끝에 앉아 있었다
옮겨갈까봐 당신을 바라보지 않았다
어서 일어나라고 하려다가
비겁하게 함께 도망가자는 것 같아서
우린 끄떡없다고
거실 TV를 크게 틀어놓았다
해치려는 사람이 생기더라도
적의(敵意) 없이 밀어내는 법을 알게 되었다

서로를 토템으로 여기는 집

뇌리에 비눗물을 부을 수도 없어서
샤먼의 마음으로 손을 씻었다
기분전환하려면 풍경의 전부를 사용해야 하니까
커튼을 활짝 열었다
창밖 새소리처럼
어젯밤의 찻잔 둘을 나란히 정리했다

플리마켓

담장에 길게 얹힌 개나리 열차를 타고
북국(北國)으로 올라가고 싶었다

겨울이 길어 웅크린 가족들에게
개나리 웃음을 한 움큼씩 건네면
가슴이 훈훈해지겠지
아이들은 기지개 켜듯이 한 마디씩 자라고
젖 물리는 어미의 볼우물에
그 어미의 어미가
블루베리 딸 때의 허밍이
고여 있겠지

아이들은 순록에게 말을 배워서
욕설도 모를 테니까
좌절 없는 직선과
사랑이 충만하라는 곡선으로
손금을 그어주련다

콧날은 산맥이고 이마가 평원인 사내와
몸태가 시냇물 같은 여자가
아이를 낳고 동생을 낳고
막내까지 일가를 이루어
순록을 따라가는 곳
슬픔은 눈물을
상처는 피를 감추고 있으니까
그런 것들도 얼어붙어 괴롭히지 못하는 곳

일상의 거리를 떠나
제 욕심만 졸라대는 굿거리 말고
귀해서 감추던 것조차 나누는
플리마켓을 열고 싶었다

박하사탕

한 전거장
전에 내려서 걸었다
동네 길목이라 곳곳이 환하니까
전지전능을 느꼈다
마음대로 해도 되는 신이 된 셈이라서
건강 금연 같은 것들을
아버지 댁에 가져가고 싶었다

진창을 디딘 것 같은 밤에
별을 찾다가 노래방 네온사인을 보았다
여럿이 모인 자리에는 항상
색 하나 빠져도 무지개라 희망하는 사람은 있었다
혼자 있는 것을 좋아하는 이유에는
타인의 환멸이 옮아오지 않도록
스스로를 보호하려는 심정도 있을 것이다
손금이 얼굴까지 번진 노인이
구겨진 폐지를 움켜쥐다가
얼굴을 괴고 앉아

마트에서 갓 태어난 쓰레기 박스 부피를
노끈으로 어림잡고 있었다

신은 등기우편도 모르는지
행운은 지인들에게만 배달됐는데도
실망하지 않았다
인스타 헤비 업로더의 포스팅인 양
직장에서의 거짓말들을 털어냈더니
솔직한 사람이 된 것 같았다
일기에 자책만 거듭한 것은
나를 멀리 배웅하는 법을 몰랐던 까닭이었다

달은 어린 천사의 박하사탕

절반 넘게 녹아 있었다
타인 관찰일기를 쓰는
한 페이지가 넘어갔다

카페 테라스

결막염을 앓는 듯
하늘은 불투명하고 목련만 어룽거린다
먹구름이었다가도
하얘지는 구름의 결벽증을 옮아오고 싶어
몇 번이고 심호흡해보았다

꽃 보러 오기에는 이른 계절이라
아침잠 많은 사춘기처럼
열리지 않은 송아리들이 마당에 가득하다
만지면 보송보송할 것 같이 산들거린다

날 풀렸다고 외부 테라스 탁자에 앉았다가
추워서 들어갈까 말까 망설이는 정도가
생활의 번민일 것이다
회상은
외투의 느슨해진 단춧구멍을 매만지는 일
불쾌한 기억들을 털어내듯 보풀을 뜯으며
건너편 어린 연인들을 부러워하는 일

다음 시집에
『최악의 짐은 자신이었다는
당나귀와의 상담기록』이라는
제목을 붙이련다

테라스 밑에서 바닥을 긁던
고양이 울음이 다 닳아버려서
갸르릉거림이 잦아들고 있다

나도 어딘가가 닳고 있다

어죽

혼자 있으면 가구들이 나만 바라보는 것 같아
어죽 핑계로 당신을 불러냈다
들깻가루처럼 곱게 낡고 싶은 우리는

남 앞에 굽신거리다가
자존심마저 엎지르진 말고
칼칼한 어죽(魚粥) 맛으로 살자 했다

희망은
우연히 나타난 누군가의 호의일 뿐
화려한 날들이란
가사만 기억나서 자꾸만 반복해보는 후렴구
봄날의 으늑함은 지난겨울 정담들이 환생한 것

안 보였는데 몸을 트는 순간 반짝이는 물고기처럼
돌아설 때에야 보이는 사람도 있었다

소중한 것들을 모두 배웅하게 된다 해도

웃을 수 있을 만큼 배부르다
배부르니까 기분은 가라앉는다

멀고도 가까운
당신이라는 나라로 입국하는 비자는 미소였다
봄의 뒤꼍에는
겨울잠 깨어나 잠투정하듯이 땅이 젖을 것이다

부족할 걸 알고
저 위의 그이가 붉은 국물을 서녘에 부어놓았다
노을이라는 추가 서비스

층간소음

이불 덮는 연기경력 40년이지만
밤샘 공연은 힘겹다

둘레길을 야단치듯 힘차게 걷는 할머니가
직업 없이 뚱뚱한 아들을 인간으로 만들려는지
오늘도 마늘을 찧는다

이불 뒤집어쓰고 뒤채다가
커튼콜에 불려나온 배우처럼 고개 내밀어 천장을 노려봐도
열정적인 쿵쾅거림은 끝나지도 않아서
밤새 커튼콜에 시달렸다

  망초꽃 가득한 제방을 걷는데 바람에 팔랑거리는 초등학교 동창의 치마가 그 시절로 데려다줄 마법의 양탄자 같았다 멋진 대사를 읊고 싶은데 목소리가 나오지 않았다 꿈이라서 그럴 것이다

오랜만에 오신 아버지와 겸상하는데 위에서 큰 소리가 나는 순간 가버리시고 망치질하시던 팔뚝만 선연했다 취업문제로 속 썩여서 죄송하다고 펑펑 운 적 있었다 꿈인데도 울음소리는 크게 들렸다

 일주일 만에 만나는 딸이 화르르 웃으며 달려왔다 아내도 폭신한 눈빛으로 바라보았다 주말부부지만 꿈은 주말휴관이 없기를 바랐다 깨고 싶지 않았다

 꿈은 밤새워 진행되는 공연이라서
 인터미션이 주어질 때도 있다
 할머니의 커튼콜에 시달리다가
 물 한 잔으로 달래보는 것이다
 할머니가 마늘에서 뜨개질로 전향하시기를 소망했다

마르크스 책방

비둘기의 하체 운동과
코끼리 다이어트 비법서를 판매합니다

새를 꿈꾸면서도
상사 앞에선 고개 숙여 걸어다니는 비둘기라서
가족과 오래오래 지상에서 화목하고 싶으니까
하체 강화가 절실했던 것이죠
날아오르는 모습은
뛰어가는 영업사원 느낌입니다

코끼리가 게을러서 비만이라는
편견을 다이어트 해야 합니다
코끼리를 따라다니면
한나절도 못 가서 지칠 겁니다
저임금을 견딘 장기근속자 같은
느린 장거리 선수거든요

독서는 영혼의 호흡과 마찬가지라서

24시간 중단 없이 영업합니다
야간 알바로 부엉이를 떠올리시겠지만
그이는 심야 사냥에 바쁜 가장이니 비번입니다
오후 내내 흥얼거린 뻐꾸기를 채용했습니다
충분히 쉬었으니 업무효율이 높을 겁니다

안 보이는 데서 애쓰니까
가장은 실외기 같은 존재죠

손님 지혜의 무게만큼 책을 선물하는
개업 100주년 특별행사를 시작합니다
신의 저울인 만큼 눈금 류의 등급은 없습니다
펭귄의 보온양말
곰의 겨울잠 베게도 선물합니다
마르크스의 노동은 근육을 연상하지만
MZ세대는 상상의 넓이에 따라 시급이 결정됩니다

오후의 크로키

골목은 길고양이 울음처럼 여러 갈래로 번식했다
산책이 끝나면
나갈 때의 감정과 비교하며 돌아왔다

폭발하는 청춘이었을 텐데
노인들은 다 쓴 부탄가스같이 시시해졌는지
장기판에 몰려 있다
이젤에 야쿠르트 홍보문구를 얹고 있는
여자는 미대 졸업생이었을까
이젤도 제 전공이 미술에서 상술로 바뀌어
당혹감에 시달릴 것이다

어깨 넓은 청년도 아니고
힙 업(hip up)한 아가씨도 아닌
할머니가 체육관 전단지를 내밀었다
안 오면 나처럼 낡는다는 경고로
근육 같은 주름을 곁들이며 내밀었다
노년에서 벗어나고 싶다는 히치하이킹으로

지나는 청춘들에게 손짓하고 있었다

스콘(scone) 부스러기를 터느라
가슴을 두드리는 것 같은 여자와 눈 마주쳤다
걱정거리가 쏟아진다면
그 부스러기만큼 가벼웠으면 싶었다

햇빛 받을수록 꽃도 많이 핀다니
기분 가라앉을 때
여기 양지받이 카페에 한나절 앉아 있으면
힘을 얻을 것 같았다
그 창가의 베고니아처럼 햇빛만 즐기고 싶었는데
오후가 노을빛으로 녹슬어버렸다

콜드 브루(cold brew)

큰 바람이라도
벚꽃을 한 번에 다 떨어트리지는 못하고
탄식이 깊고 길더라도
열 개의 촛불을 모두 끌 수 없는 일이다

캄캄한 우주를 혼자 달려왔을
아침 햇살이 재잘거리는 탁자에 앉아
춘수(春瘦)로 손이 차가운 친구에게
커피를 데워주었다

낙화가 제 솜씨라고 뽐내는 바람은 못 보았고
우는 사람 앞에서
내가 울렸다고 우쭐하는 경우도 못 보았다

얼음같이 완고했던
일들을 물렁하게 해놓고
감기만 들이닥치는
봄이야 보내면 그만이라 했다

기억 하나 지우는 데도 평생이 걸리듯
꽃이 이울고도 뒤울림이 긴 나날이었다
혹한을 지나쳐온 4월 꽃향기는
차가운 물의 콜드 부르 커피 같은 것

사람은 꽃 같아서 피고 지는 것이기에
기다림도 막막한 일 아니라고 썼다
꽃은 스스로 괴로운 것들이니
연민하지 말자고 창을 닫았다

혼자

> 이인분부터 주문 가능

안내문을 손짓하는
주인과 눈 마주쳤다

머리 감다가 뒤에 뭔가 있는 것 같아
소름 끼칠 때도 있으니까
혼자가 아니고
귀신 H와 함께 왔다고
머뭇거렸다
OTT 영화 고르느라 갈팡질팡할 때
결정해줬으면 싶은
알고리즘 애인 S와 동거했는데
혼자 산 얼굴로 보이느냐 웃었다

일인분은 안 된다고
둘은 주문해야 한다는 주인이
돈만 아는 속물은 아닐 테다

이인 짝짓기에 몰두하는
결혼정보회사 퇴직자인가 짐작했다

머쓱해서 돌아와
그릇들을 만져보았다
배달도 일인분은 안 되니까
이인분 시켜서
나머지는 냉장고에게 나눠주었다
그득히 담고 있는데도
식탐이 없어서 말없이 내주는
독거시대의 현자다
배달앱 회원정보 주소란에
북극성에서 매콤하게 세 걸음
이라고 입력했다

햇살은 가득히

죽은 자들의 골분(骨粉)을 반죽해 사람을 만든다
손재주 없는 신은
이 푸석한 작업이 손쉽도록 눈물을 섞으니까
신을 버리려면
눈물이 다 빠져나갈 때까지 울어야 하는 것이다

커튼을 걷었더니 햇살이
거실의 권태를 폭로해서
들킨 먼지들이 우왕좌왕하고 있다
탁자 위 간다라 불상의 허리 곡선에서
여승과 비키니 같은 이질감들을 가늠해보았다
철학자들이 매일 한다는
산책은 무신론자의 속죄 의식이다

멀리까지 걸었다
목줄이 길다고
개가 조금 더 자유로운 건 아닌데
어떤 일들은 그것으로부터 멀리 갈수록

또렷해졌다 잊지 못했다

산책길은 햇살이 가득했는데도
어둠만 번식하는 내 방에 들어갈 때마다
기도하듯이
구원의 전등 스위치를 눌렀다

원하는 걸 가질 수 없을 때
할 수 있는 유일한 방법은
그것을 잊지 않는 일이다
온갖 능력으로 살아왔지만
기억력만큼 나를 괴롭히는 것도 없었다

수동태

사들일 때는 신선했는데
거기서 거기인 것들이 옷장에 걸려 있으니
늙은 동창회 모습이었고
취향이 여기까지인 것이다

분리배출장에는
신품인데 놓인 것들이 있고
낡아버릴 때까지 쓰는 알뜰도 스며 있었다
제 것이라 자랑하고 손도 못 대게 하면서
물건에 집착하는 사람은 멀리했는데
성실과 집착은 결이 다르기 때문이다

안마의자를 분리배출장에 내놓았다
버려졌는데도 여전히 두드리는 느낌이다
내 등짝을 낱낱이 알고 남을 험담한 것마저
짚어내고도 묵묵하니 공범이고
간밤의 악몽을 털어준 동지다
수면제 기운이 남아서 나른한 아침을

정신 차리게 하는 삼촌이다
부부싸움 하고 앉아 있으면
서운함이 누그러지니까
숙려(熟慮) 시간을 내주는 카운슬러다
안마의자를 몇 번이고 비다듬었다
분리배출의 분리가
주인으로부터 분리당한다는 뜻 아닐까
수동태로 표현되는 일들은 슬프다

막회

하늘은 뻘물이 밀려오는 바다 같고
구름도 시커멓다
탁한 갯골을 거슬러 올라
그물을 비켜나 여기까지 왔을 것이다만
숭어가 그물 위치를 알 만큼 현명한 건 아니니까
운이 좋았을 뿐이다
우리도 운이 좋아 여기 모였다
일상처럼 뒤죽박죽 썰린
막회를 놓고 둘러앉았다

숭어나 인간이나 다를 바 없이
살점은 일 년의 길흉 같은 시간의 부피이기에
서로의 살점을 먹듯이 안부를 나누었다
한 조각 안에도 붉은 자리와 갈색이 있듯이
저마다의 환난을 수긍해주었다

산타에게 보낸 편지에 답장해준다는
라플란드 우체국 직원인 양

우리는 서로의 소망 같은 것들을 꺼내놓고
달달한 맞장구로 답장을 해주었다
커피로 비린내를 씻었다
봄날 숭어에서 겨울 산타까지
수첩의 메모를 넘기듯 건너뛰었다

캄캄한 창문들이 비 맞고 있는
심야 거리를 걸어 귀가했다
고마웠더라도 떨칠 것들은 있으니까
우산의 물기를 털었다

눈

세상의 모든 그리움 설렘을 합하면
백색이 되는 것일까 — 눈 온다
스무 살의 과호흡을
마흔의 번민을 어제 일처럼 펼쳐준다
백석(白石)이 독자들에게 보내는 한 해의 답례다

신발 신겨진 강아지의 폴짝거림은 갑갑함일까 어룽거리는 눈발의 현기증일까 강아지는 제 주인을 수호천사라고 생각하려나 누가 나를 저렇게 과보호한다면 사양하련다

발자국 하나 없는 눈밭이라서
그것이 흐트러질까봐
조심스러워지는
그런 사람과 차를 나누고픈 날이다

눈은 천사가 덮어주는 이불이면서
쉽게 녹아도

비망록 한 페이지를 마련해준다

악필이어서 못생긴 눈사람을 만드는 건지
울퉁불퉁 완성해서 손바닥에 올려놓고
세상의 불균형도
이렇게 아름답기를 바랐다
공원 행 버스에 탑승한 동안
눈의 마법으로 입춘까지 흘렀는지
다 녹아버린 공원을 서성였다

올겨울의 그리움 설렘을 맞이하려고
눈이 푹푹나리는 북방(北方)의 시인
백석 시집을 서가 앞줄에 모셔놓았다

정기검사

차는 휘발유를 폭발시킨 엔진의 힘으로
에어콘 찬바람을 만들고
시는 비효율적으로
피를 태워 서늘함을 채운다

주행기간 5년 동안의 내 번민(煩悶)은
심장을 태웠다는 뜻의 번(煩)이라고 오해를 사서
매연이라 경고하기에
부품교체도 잘했다고 항변했다
나아지려고 했던 개조사항이
불법으로 판정됐으니
희망사항도 규격이 있는 것이었다

질병은 아픔에 시달리는 일
절망은 아팠던 곳이 모두 다 기억나는 일이었다
엔진부터 변속기까지 전신이 고장났다
갈 때는 차 걱정 없이 더위만 불평했는데
돌아오는 내내 불안해서

체력관리 못 해서 병을 얻은 양
수리접수시간 같은 일들을 떠올렸다
기다림에 익숙하니까 엔진이 느려도 좋았고
질병이 브레이크 역할을 해주었는데
절실한 것은 방향을 잡아줄 핸들이었다
그것이 자책의 근원이었으니 체중이 줄고
말수도 줄었다

건강 정기검진의 MRI X-RAY를 떠올리면
무뚝뚝한 토르소가 되는 것 같았다

피아니시모

저 아이는
지적받은 일도 추억으로 남겠지
교습소 창으로 멜로디가 흘러나왔다가
선생님이 시범하는 듯 다시 들렸다
창 옆 금목서 향기가
영혼의 건반을 누르는 것처럼
어깨에 얹혀서
꽃도 귀한 11월의 선물을 받은 것 같았다

아이는 어른이 되어
엄마 눈빛만 봐도 걱정의 깊이를 알 거고
나날의 엇박자도
바로잡을 수 있겠지
미우면 끝까지 미워하는 사람은 안 되겠지

아이는 모를 텐데
창 밖 하늘에 첼로 선율로
구름고래들이 유영하고 있었다

생은 독주회라고 겁먹었지만
협연자(協演子)는 있었다
구석에 선 금목서는 향기로우면서도
오후의 볕뉘를
라르고(Largo)보다 급하게 삼켰을 것이다
급하게 먹는 건 배고파서가 아니라
자신을 들키기 싫은 때문이다
멜로디를 배달할 곳은 없어서인지
통닭집 라이더가 이어폰 꽂고 앉아 있었다

화분의 금목서를 살려보려다가
떠나보낸 적 있어서
화원에 갔다가 빈 화분을 보면
한 번 더 만져보았다
이별은 시럽을 넣어도
달콤해지지 않는 커피 아닐까
심장을 다크로스팅한 커피일 것이다
독성이 적은 이별은

봄볕 아래 녹는 눈사람 하나밖에 없다

이염(移染)된 셔츠를 본 순간들처럼
생활은 당혹을 넘기는 일이었으니
연습으로 더 잘 살 수 있다고
멈춰줄 누군가를 아쉬워했다
피아노 선생님이
페르마타(fermata)^{*}
어깨를 짚어주는 것처럼

---

* 멈춤이라는 뜻, 영어의 Pause.

II

3월

봄이 온다고
라디오 DJ는 속살거린다
24절기를 왜 따라가야 하는지 모르겠는데
경칩 우수라는 표기에 자욱해지는 것이다

누이의 속옷 서랍을 열어보는 두근거림
케이크 초콜릿 꽃을 만져보는 손떨림으로
3월은 마음을 흔든다
관광버스에서 춤추고 싶은데 몸은 안 따라주는
중년의 엉거주춤 박자로 봄은 온다

봄은 후회라는 매를 들지 않고
그리움을 복습시켰다
피어날 때마다 처음인 것 같으니까 꽃이고
순간마다 새로운 사람이니까 사랑이다

서재 붙박이인 내게 유일한 바깥은 시집인데
거긴 비문(非文)을 헤쳐야 하는 늪이었다

재작년 시집 한 권에 낱말 8,000개가 들어 있었다
벚꽃잎 날리듯이
취사선택의 번민을 8,000번 거듭했던 것이다

지금까지 쓴 한 행이
내가 유배될 곳의 주소였음을 인정한다
세상이 슬프고 즐겁고 다정하지 않다면
DJ는 읽어줄 사연도 없어져 실업자가 되겠지만
라디오 끄고
노을 보러 나가야겠다

택배원

집배원의 유사품으로 인식되는 사람
곧바로 전할 수 있는 1층 101호가 최고라는 사람
맹견 없는 집을 편애하는 사람
바람과 세월과 달리기하면 일등인 사람
새벽잠 대출로 돌려막기 하는 사람
쌀밥 먹는데 쌀은 무거워 힘겹다는 사람
벨 누르고 도망가는 악동은 아닌데 놓고만 가는 사람
불안과 의심이라는 누명이 덧입혀진 사람
모두가 기다려주는데도 뒷모습이 쓸쓸한 사람
수수료 받는 생계형 산타클로스인 사람

트럭으로 질주하니까 그의 급여는 부의 봉투에 넣어주는 셈이다 택배가 오지 않을 때에야 그를 찾으니까 부재로 존재를 증명하는 주인공이다 그는 보이지 않으면서 세상을 돌린다 상품으로 자신을 표현하는 유물론자다 대낮에 일하는데 야행성 느낌이다

매화 알람

급속냉동은 기술이지만
기다리고 살피는
해동이 예술이다
사랑을 알아야 할 수 있다

겨울을 겪은 춘분 햇살은
파란만장 나이 먹은
여자의 귀밑머리처럼
히마리 없고
보였다가 안 보인다

사람을 잃었던 날은
알코올 솜의 사늘함이 날아가듯이
다 잊었다
이제 겨울은 갔다고 달력을 보았다
마지막이란 말을 이별 앞에 붙이기보다는
이번 주에 못 가면
화엄사 매화를 못 본다는 뜻으로 정했다

앞서 가는 여자의 목도리 없는 목덜미가
허전해
내 깃을 올려보는 춘분
포근했던 캐시미어 목도리들이
간지러워 보인다

벌 받고 돌아선 사춘기인 양
겨울을 다 치렀다고 산뜻하게
습설(濕雪)은 잊고 카페에 갔다

적적한데
벗어나고 싶지 않을 때는 시를 썼다

희망 사항

하루에 한 번은 전화하는 사람이면 좋겠다
그냥이라고 먼저 말해주는 사람
눈 온다고 화단 사진을 보내는 사람
목도리 했느냐고 걱정하는 사람
지난번에 입은 니트 멋지다고
자기 만날 때만 입으라고 웃는 사람이 좋겠다

어디라도 고요하면 그만이라는 사람이 좋겠다
메뉴판 들고 자상하게 설명해주는 사람
내 외투 주머니에 손을 찔러 넣으며 웃는 사람
속도 맞춰 나란히 걷자고 팔을 당기는 사람
나를 올려다볼 때는 이마가 환해지는 사람
설탕물 같은 잠언에 현혹되지 않는 사람
매달 두어 곳에 후원금을 보내는 사람
영화 보며 울다가도 눈 마주치면
웃음으로 팝콘을 집는 사람과 일요일을 보내고 싶다

도중에 유령들이 다 마셔버릴 테니까*
글로 쓴 키스는 목적지에 도달하지 못하겠지
노을보다 그윽한 사람
아침만큼 새뜻한 사람
소나기처럼 시원한 사람을 갈망한다
가만히 만끽할 수 있게 해주는 사람이 아쉽다
이토록 이기적인 사랑을
이만큼의 달달함까지 상상한다

---

* 밀레나에게 쓴 카프카의 편지.

분리배출

무더기가 되면
어딘가로 치워야 할 것만 같아서
불면 의문 습관들을 버렸다

생활의 부스러기들을 합체하면
자신이 저지른 무언가로 변할 테다
물고 뜯는 육식동물이 될까 하다가
육식 몸매에 초식 눈을 소원했다

낡은 매트에서 중년 부부의 섹스리스(sexless)를
교과서 더미에서 취업한 학생의 졸업을
한 번도 안 신은 신발에서
노인의 뇌출혈을
거기와 밀착했던 속옷에서 비밀을
편지묶음에서 작가지망생의 실연을 수집했지만
그 합체 결과물은 구름이었다

버려지는 것들은 무게라는 공통언어를 가졌다

옷이나 책이나 저울에 올리는 것이다
타인들과 올라앉아 소통할 수 있는 저울을
편견 없는
만인 공통의 눈금을
오해가 만연할 때마다 찾았다

청춘으로 돌아가면 좋겠는 작업자들이
부스러기들을 정리하느라 분주한데
내 새 옷이 빨래통에 담기기까지의 며칠을 생각했다

피로연

원탁에 앉아
허세와 질투로 범벅한 안부를 나누는
탁자 아래에도 신발들이 모였다
잘 닦인 명품과
팔순 노파 느낌의 운동화와
체중을 견디느라
신경질만 남아 뾰족해진 하이힐과
요양보호사처럼 푹신한 굽을 장착한 로퍼가
서로의 코를 바라보는 것이다

시궁창을 디딘 날과
남에게 굽죄이어야 했던 사정을
숨기고 엎드려 있지만
신발은 구김살을 감추지 못한다
명품이건 낡았건 싸구려이거나
신발은 태생부터 엎드린 자세다

귀가하면 그들의 음성이 방까지 따라와

이명으로 맴돌았다
귀신처럼 얼굴들이 흘러다녔다
신발을 버리고 돌아서다가
쓰레기차 번호를 습관처럼 외웠다

약자의 보복은 잊지 않는 것이기에
보복할 것도 아니면서
난폭운전 당할 때마다 차 번호를 외웠다
만 번 참으면 갈 수 있다는
천국의 문 비번일지도 모른다고 생각했는데
쓰레기통에 구겨넣은 구두가
허리 굽혀 입을 크게 벌리고
웃고 있었다

셔터

한 프레임에 전원이 담기지 않는다고
밀착하라는 사진사 음성이 말랑하다
우리는 실용적으로 가까워지는 것일까

다가선 옆 사람의 입 냄새에 울렁거렸다
할머니에게 안긴 아기의 살 냄새가 선물이었다
그 볼에 소원 하나는 부탁하려다가
가만히 웃어주었다
한 계단 아래 중년 남자의 정수리 냄새가 비려서
무릎에 뉘이고 내 머리 쓰다듬어주던
당신이 고마웠다

축하연 자리는 소란스러워서
안부가 싸우는 말투다
지인들과 원탁에 둘러앉아 사이좋게 싸워주었다

생활은 사진을 찍을 수 없는 미술관이라서
작품을 기억할 수 있는 만큼만 기쁘거나 슬프다

카메라 셔터는 기억을 관장하는 신의 칼이었다
풍경을 단칼에 고정시켜버리는 힘이면서
그것들을 돌려주었다
우리는 사진 속의 장소에서
함께했던 사람과 해후할 수도 있었으니
자신의 기억력으로 신의 능력을 활용한 것이다
당시엔 반듯하고 두근거렸던
철 지난 필름 카메라의
먼지를 닦아주었다

바라만 보는 것

물고기는 부레로 떠오르는데
쉽사리 젖어버리는 종이심장을 가졌기에
가라앉으면 올라오지 못했다
인간의 부레는 함빡웃음 아니겠냐고
낙담한 동료에게 미소 지었다

한강 하구 고깃배들이 납작하게 엎드려 있다
민물은 바다보다 수월하다는 편견을 가졌으니
강을 제대로 알 리 없는데
흙탕물이 찌들며 선체에 남긴 무늬만은
강의 생채기처럼 보였다

여름내 뚱뚱해졌던 9월의 강은 수척해지고
힘찼던 바람도 발목이 가늘어졌는지 사늘했다
모두가 살아 있다는 듯이 독백하는 습성이 생겼다
활유(活喩)의 시각에 잠기는 것은
혼자만 살아 있다는 적막 때문일 것이다

행주산성 아래 강변 카페에 앉아
누가 뭐라도 줄 것을 기대하는 양
강 건너 개화산 위 하늘을
바라만 보았다
새 주인에게 선택받기 위해서
대소변을 가릴 줄 안다는 것을 알려주려
얌전하게 엎드린
유기견 보호소의 강아지처럼
인정받고픈 것이다

숱한 사람들이 던져주었을 텐데
어슬렁거리는 개에게 빵 쪼가리를 던져주는데
돌로 때리려는 듯 놀라 도망간다
연민하기보다는 바라만 보면서
기다려주었다

아무도 모르게

고드름을 다 떨어트리고 말끔한 처마같이
망각이 일상인 나날들인데
유행처럼 앞서 가거나 뒤처지거나
아무튼, 촌스러워지는 시절

나날의 해빙이란
감기약을 조제하는 약사 얼굴에서
내 감기 기운을 찾아보는 심사 아닐까

버스 앞자리 여자의 머리를
한 줌으로 쥔 고무줄의 완강함이 부럽다가
볕뉘에 전신이 으늑해진다
고무줄만큼 구속하지 않고 당겨주는
배려와 염려가 아쉬웠다

해빙은
예고가 희미해서 오는 줄도 모르다가
일순 흐트러지는 당신의 머리라고

꽃을 엎지른 바보인 듯 웃어버려야지 하면서
목적지를 생각했다

결과의 자리에 가서 보면 모두 자명한 것처럼
앞을 보면 느껍고 뒤돌아보면 싱거운 나날들

환절(換節)은 누군가에 의해 바뀐다는 뜻
빈자리가 생긴다는 예감도 있다
 후회를 감추며 앞을 장담하고
실수에 대한 면책도 궁리하면서
함께 올해를 견딜 사람을 찾았다

잘 풀린 고향 친구마냥
오후 햇살이 눈부시게 자랑질 한다

넷플릭스

왕가위 감독 영화의 독백처럼
내 곁을 비우지 말라고 중얼거렸다
멀어지면 고독해서 싫고
가까워지면 부담스러운
그만큼의 거리를 원했다
책상에 앉았다가
담배 피우는 양조위를 떠올리고
우는 여자의 등*에서 파도를 생각했다

이 동네는 집배송센터인지
택배 상자 같은 연립주택들이 모여 있다
영화만 종일 반복시청한 탓에
햇살을 조명 방향이라 느꼈다

영화처럼 죽는다면
남겨진 가족들을 어루만져도 놀라지 않도록

---

* 〈화양연화〉, 장만옥

손이 따듯한 귀신이 되고 싶었다
혼자 있으면
벽의 곰팡이가 나를 향해 짖었고
유일한 이웃은 층간소음이었다

편의점 앞 가로수 전지작업을 구경했다
내가 운명에 떠밀리는 것 같지만
서로 다른 속도로 밀려가는 구름 아래
잘려나간 가지들은 묶인 채로 실려갔고
바람이 질주하는 횡단보도를
노인은 자신의 속도로 건넜다

F1 드라이버**도 신호등 아래에서는
기다려야 할 것이다

** 〈F1 더 무비〉, 브래드 피트.

생일

아버지는 청양 출신 삼류 투수였다
쓰리볼 카운트에서 직구로 강판을 면했다
종신직 지명타자더라도
허탈함은 피할 수 없었다
한 번 더 던졌는데 볼이었다
볼넷이 된 아버지는
1남 4녀라는 성적을 만회하느라
손가락 물집이 그치지 않았다
스트라이크는 아들
볼은 딸이라는
가부장적 편견도 만담(漫談)이 되었다
투수에게는 던진 공을 자식처럼 여겨야 한다는
스포츠정신도 포함되었다
던진 투수보다
받아낸 포수가 죄인이 되는 시절이었다

빈곤, 실직 같은 백네임 붙인 강타자들이
아버지를 괴롭혔다

선수는 관중이 자신만 보는 것 같아서
자신을 잃고
그들은 자신의 맥주와 치킨을
즐길 뿐이다
홈런볼을 받으면 행운이 온다고 하지만
호되게 맞아 멀리 날려간 공인 것이다
개중 불행한 주인공을 받은 셈인데
사람들은 부러워한다
현자는 선수에게 돌려준다
불행은 느닷없이 들이닥치는 것 같아도
제가 앉을 만한 곳에 찾아오는 불청객이었다

수비수 전체를 관장해야 하는 어머니
슬픈 포수, 어머니와 처음 만난 날이다

반계리

가을 나무들은 저만치 떨어져서도
내 기대감을 색깔로 노래해주는
블루투스 스피커 아닐까
노란색만 보면 가는 곳과 비교하게 되었다
거기가 우월해야 오늘 선택이 행복해지니까
나머지는 폄하해버리는 것이다

소망을 듣고 몸피를 키운 은행나무 아래서
더 더 거대해지라고
소망을 이뤄달라고 잊지 말라고
은총의 현장에 참여했다고
사람들은 사진을 찍는다
제 비손을 믿는 사람만이
천 년 전에 죽은 신령의 유언장으로
황금을 받겠다만
시인이나 해독할 수 있을 텐데
그들 거개는 주머니조차 없는 존재라서
11월의 입장권이나 얻을 것이다

시를 묶었을 때는 축하해주었다

귀가했으니까 은행나무 은총에서 벗어난 셈이다
목련이 재즈처럼 자유롭게 하나 둘
낙엽 연주를 하고 있다
무언가에 떠밀려 울고 웃으며
11월의 출구에 도달했지만
운명에는 선의가 없었다
찬사에 굶주린 의식을 가졌고
눈총 하나에 무너지니까
시집 출판은 대중에게 급소를 공개하는 일이다
심장을 찔리면 피가 아니라 눈물이 솟았다

원생모집

하늘의 별이
죄다 자기 것이라는 녀석이면 좋습니다
벅수에게 돌멩이 장난한 것도 모른 척 하겠습니다
머리에 함빡 얹어진 찔레꽃잎이 떨어질까봐
사뿐히 걷는 아이라면 환영합니다
과자 사러 가다가도 쪼그려 앉아
쑥부쟁이와 눈맞춤 한다면
꼭 보내셔야 합니다
고로쇠나무에 귀를 대는 녀석들은 벌써 신청했습니다

메추리알과 회화나무 이파리로
가감승제 셈법을 가르칩니다
일등보다는 손잡고 함께 뛰어야 한다며
달음박질 놀이를 하겠습니다
형 누나 동생과의 우애를 위해
완두콩이 익을 때
콩깍지 안의 파릇한 웃음도 보여주겠습니다

수강료는 현물로도 납부 가능합니다

죄송스럽게도 작년 곶감을 잊을 수 없어서
감나무집 손자는
제값을 다 받고 싶습니다
어르신 요통으로 여물은 서리태라면
한 되 깎아드립니다

소소(昭蘇)

여름내 장작 굵은 도끼를
내 모과나무에 기대놓고 해찰했다
지독하게 두려웠을 것 같아
밤새 뒤척였다

도끼에 경악하다가 제 모과를 떨어트렸을까봐
주변을 돌아보고 들어왔다
가슴에 문진(文鎭)이 들어앉은 것 같아
맹인 아내의 눈썹을 그려주는 사내처럼 천천히
획을 그었다
성에는 밤이 쓴 상형(象形)인데
찻물이 끓기도 전에 사위어 읽지 못했다

새벽 마당에 떨어진 새소리에는
날개가 달려서 해 뜨기 전에도 잘 마른다
고요하다
가지에 앉아 모과나무를 위로했을 것이다
햇살에 하나둘 태어나는 그림자들이

키가 커지는 모습을 일생처럼 바라보았다

햇볕을 못 먹은 빨래가 쉰내 풍기듯
사소한 무성의에 상심하고
기분이 한 번 주름지면 펴지지 않아서
획도 가늘게 흔들렸다
머리맡에 물 사발을 놓고 자야겠다
악몽이 스민 그 물을 꽃밭에 뿌리면
진딧물이 줄겠지

나의 치료제는
마당에 도톰한 햇볕 바삭한 햇살

참견하지 않는 마음

성탄특사로 풀려난 마리오네트들

낡았거나 신품이 섞여 있다
일상이라는 끈에 붙들려
이리저리 몰려다닌다
스무 살엔 불나방이었을 테니 간판 불빛에 몰려 있다
이천 년 전 예수라는 중동의 젊은이가 태어난 날이다
그가 세상의 예각을 이만큼이나 누그러뜨렸다
할렐루야

장소는 사라져도 감정은 남는다

십 년 만에 마주한
백화점 자리는 소규모 점포로 바뀌었다
없어진 국숫집 돈가스집을
묵은 친척 찾아뵙듯 돌아다녔다

성모상 앞에 서니 아픈 아들이 떠올랐다

살펴주시라 기원하면서
타인들에게 내 슬픔을 들키지 않았기를 바랐다
막무가내식 위로는 또 다른 폭력이었다
내가 타인의 슬픔에 참견하지 않는 마음도 기원했다

서성이다가 신발이 눅눅해져서
성당이 잘 뵐 것 같은 카페를 찾았다
이층에 앉아 길을 내려다보면
뭐라도 된 듯이 그윽해진다
성탄일에 기대한 눈이 다음 날 정오에 내렸다
선물인데 시점이 달랐을 뿐이다
그는
다 알고 있을 테지만 아무 말도 하지 않는다

목련

내 언어는 살 부러진 우산 같아서
그대를 묘사하기에 조악한 도구

백 년 가지에서 벙그는 연정
마른 듯했어도 쥐어보면 눈물 젖은 손수건
장벽을 두르지 않았는데 틈입할 수 없는 왕국
대낮에 몸을 섞자고 활짝 열은 애욕
높아서 눈맞춤도 못하고 우러르며 돌아서는 아쉬움
아직 어리다고 연애를 사양하는 산들거림
칼바람 날뛰던 허공을 데워놓은 불길
한 송이면 철쭉 만 송이와 맞비겨도 넉넉한 농밀
지옥순환선에서 천국으로 환승하는 승차권
발목을 후려서 꼼짝없이 서 있게 하는 치명(致命)
슬픔을 말할 줄 모르는 얼굴이어서
녹슬어 떨어져도 울지 않는 백치(白痴)
비끄러맬 방법이 없어서
'거기'라고 새기며 돌아서는 춘몽

목련이라는
우아한 짐승에게 물린 감정이
발전되어 문장이 된다면
최고의 묘사는 침묵이라 고백할 것

느른한 볕뉘 사이를 서성였다

능내역 육개장집

밥집은 남루를 벗었지만 여전히 촌스럽다
고사리가 숟가락에 감긴다
힘찬 풋것들도 갈색이 되도록 삶아지면
이렇게 뒤엉켜 서로를 부축한다는 말일까
연근도 감탕벌을 더듬으며
물속에서 살아갈 힘을 얻었을 것이다
물발도 숨 돌리는 여기
화천 남자와 충주 여자가 몸 섞고 마음 섞던 밥집
연(蓮)이 바람을 헤치며 수면을 덮어나가듯
내외가 안간힘으로 꾸려왔는데
주인이 낯설다

사내는 붕어 건져 올리는 솜씨가 일품이었다
강변이 개발되면서 밥집은 쇠락하고
휘황한 점포들이 늘어섰으니
북한강을 거슬러 고향 갔다는 풍문을 들었다
고사리 삶던 여자의 손맛도
남한강으로 헤엄쳐 갔을까

두 줄기 만나는 두물머리가 바로 우리 내외라며
웃던 여자 이마의 땀방울처럼
철 이른 땀 흘리며
육개장 한 그릇
후끈하게 넘기는 저녁
밤 기차는 불 꺼진 능내역을 지나쳐 가고
양수리에서는 또 다른 물줄기가
서로를 보듬고 있을 것이다
어디선가 잉어 튀는 소리가 나고
물비린내가 번졌다

교체

깨끗해진 고양이 밥그릇을 보면
저 우아한 것도 애써야 살아남는 것 같고
카레 류의 그릇이 지저분해지는 음식은
먹고 싶지 않았다
애써서 얻은 것도 없었다
물에 담근 고기에서
핏물이 배어 나오는 것을 보고
묵은 비밀들을 고백하고 싶어졌다

악취미를 즐기는 듯
바람이 건조대의 속옷들을
무차별로 주무르는데도
내 일 아니라서 담배만 피우며
우수작이라는 작품을 읽었다
스포츠카마냥 우렁찬데
승차감은 난감한 시편들이었다

중고차 고르러 나가면서

사랑하던 내 차를 외면해주었다
이별에 대한 예의는 아니고
소심함일 것이기에
다정과 세심함은 혈액형이 같다
달이 지구로부터 매년 3㎝씩 멀어지는 현상이
내가 원하는 이별의 방식이다

때 묻은 경험이 많은 사람은
그것을 감추느라 담담하고 냉소적인데
차는 주행거리에 따라
순진하게 낡아버린다

연애의 주행거리 적산계 같은 장치를 장착한다면
결혼정보업체는
고객을 순백의 미혼으로 미화하려고
수치 개선을 연구할 것이다

땡볕에 달궈진 철판들 사이를 돌아다니다가

결정도 못하고 점심 메뉴만 골랐다

질겨서 끊어지지 않는 냉면과 애를 쓰다가
돌아왔다

침대가 화물차 덮개 같기도 해서
무언가 느껴지는데 보이지 않는다
이런 불길함은 별것 아니라고
무시하는데도 여름 이불이 무거워
교체하고 싶었다

III

시트콤

노을 지는 저녁 하늘의 화법은
뜨거워 보이는데 따듯하다
마음이 만두처럼 말랑해졌다

밖에 내놓고 키워야 꽃도 풍성하다니까
길 건너 먼 학원으로 보냈던 아이들이 돌아와
가방에서 웃음소리를 꺼냈다
방마다 환해졌다
어둠의 간을 보려는지
엄마가 창 열고 하늘을 본 다음에
마트 다녀온 꾸러미들을 풀어놓고
아들 둘 키운 솜씨로
냉장 냉동실로 갈라놓는다

아빠는 밤늦도록 시끄러운 TV와 동창이다
간식을 품고 있는 냉장고와
크림빵 데워주는 레인지를 이모로 삼았다
엄마 카트가 남과 부딪지 않는 게 눈치 때문은 아니고

유모차 조심운전 경력이 쌓인 덕이다
내 차라고 옹알이하는
막내는 엄마 닮아 양보도 잘 할 것이다
담을 거 지나치기 일쑤고
모퉁이마다 상품을 건드리는
아빠와 함께 가면 실력 차이를 알게 된다
엄마는 먹일 마음으로 고르고
아빠는 호기심에 만져본다

저녁밥은 공평한데 퇴근은 편차가 심해서
건너편 아파트 창들이
장난꾸러기 둘째의 답안지 마냥
몇몇이 빈칸으로 캄캄했다

빽빽한 동네라도
직업 없는 삼촌 같은 자투리땅은 있다
대파를 뽑는 할머니가 허리를 폈다

첫눈

작은 눈사람을 손에 올려놓고
녹이지 않고 오래도록 살려내자는 내기에
이긴 적 있다
내 체온이 눈사람과 비슷한 것 같아
으쓱거리진 않았다
당신에게 체온을 다 나눠주어
이렇게 됐다고 으쓱거려놓고는
그 맑은 미간을 보았다
위는 작고 아래는 큰 불균형이 아름답다고
연애는 서로의 불균형을 채워주는 일이라고
트로트풍으로 말했다
언제라도 갓 태어난 듯한 나비는
환생한 느낌이다
전생의 기억들이 어지러워
흔들리며 날아다니는 것이다

하롱하롱
사늘한 날개들이 내려온다

구경

절집 들머리의 은행공원에 들렀는데
절정은 아니었다
내 기준인지
계절의 시혜(施惠)가 늦었는지도 모르겠어서
작파하고

황금 이파리 대신
사람들을 구경했다
단풍이 흠뻑 든 중년 여인
소나무와 견줄 청년
국화보다 환한 연인
연리목처럼 손잡고 가는 노부부까지
환절기의 얼굴들을 짚어보는 일이다

사람 구경을 한참 하면
까닭 없이 마음이 가라앉는다
저마다의 절정이 다르고
그 아쉬움까지 공감되기에 그럴까

손을 자주 찔렸는데도
그 선인장 화분을 못 버리는 마음처럼
가을엔 어이없는 것들도 담아두게 된다

홍예(虹霓)를 튼 자태가 아름다워서
사람보다 돌다리만 바라보았다
건너가면 어딘가로 가버린다는 느낌이지만
거기나 여기나 시시하기는 마찬가지일 것이다

작년 초파일에 먹었던 비빔밥을 떠올렸다
늦어서 아깝게도
그 따듯한 백설기는 못 받았다
청춘처럼 때를 놓치면
퍽퍽해지는 백설기

납량만흥(納凉漫興)

— 신윤복(지본채색 28.2 x 35.6cm)

살구가
알궁둥이를 내놓고 깔깔거리는 오후

말복과 입추 사이를 오가는
부채를 바투 잡고 흔들며
소나기에 발목이 젖어 온 사람과
이른 단풍만큼 발갛게 취해보리라

물앵두 한 알도
최선을 다해서 몸을 얻었을 테고
새라는 우환을 피한 풀벌레들이
노래를 더해준 것이다
청포도는 달빛이 스미어 옥이 된 것

여름의 극성을 견딘 벗에게
입추 전의 양광(陽光)에 들르시라 권했다
혼기 놓친 여인 석류가 농익었으니
수작부리자는 우스갯소리도

문갑에 넣어두었다

게으른 천신의 판화인 양
계절은 반복되지만
이파리는 하나도 같은 것이 없어서
하아, 배롱나무 아래 앉아 구름만 보았다
마음처럼 한 시도 고정되지 않는 그 윤곽을
내 얼굴인 듯이 바라보았다

그릇이 깨지면 까닭 없는 반성에 젖는데
삼복이 거짓말처럼 지나가버리고
부채로 낮잠을 식히는 오후

모녀

유모차의 잠든 아이를 들여다보며 웃었다
지금 내 표정을 지키게 해달라고
기도했다
장군감 공주 류의 덕담으로
순결함을 흩트려버릴 것 같아서
스치듯 웃었지만 엄마와 눈 맞추지 않았다
이마엔 햇살이 가득했다

사람에게 세월은 필패의 장르였다
아이는 사춘기를 겪으며
부모에게 지옥을 체험시킬 테고
자식이 전철(前轍)을 밟을 것 같은 부모는
자책할 것이다
이럴 거면 왜 나를 낳았냐고 생떼 쓰는 딸에게
종신형 받은 죄인이 될 지도 모른다

조물주는 비슷비슷하게 자신을 표절했기에
잰 체 해봤자

인간은 거기서 거기고
자식에 대한 경구도 상투적이다

아이를 다 키운 중년은
산책하며 개똥을 거둘 테고
그 모녀는 안전히 돌아갔을까
야근에 반쯤 녹아 귀가한 남편과
육아의 고달픔을 나눴을까
우연히 마주친 모녀였는데
훔치고 싶은 눈부심이 잊히지 않았다

성탄 트리

연말이면
우체국과 은행달력을
비교해보곤 했었다
날짜별 네모 칸이 커서 큰 기쁨을 배송할 것 같아
우체국 달력으로 마음이 기울었다

기억력보다 부력(浮力)이 아쉽다
잊히지 않아서 힘든 것들이 많았고
가라앉고는 기분을 회복하지 못했다
애쓴 것들의 성과가 어긋났으니
내 수호천사는
매번 거스름돈을 틀리는 웨이터였다

영원을 사는 신에게 일 년 정도는 하찮은지
일 년이 빠르고 지루하다가
연말에 마무리해버린다
달력 받아들고 나오는데
장식이 늘어난 중년처럼 번다한

성탄 트리가 배웅했다
네가 받은 달력 칸마다 기쁨을 숨겨뒀으니
지나치지 말라는 당부였다

불 꺼진 트리만큼 추레한 것이 또 있을까
창고에서 꺼내어
일 년치 먼지를 털어주면서
재고용하듯 세워놓은 채
희망은 연말 일주일이면 족하다고
일 년 내내 불 켜진 트리도 없다고 달랬다

성탄 임박한 오늘의 생각이지만
바람도 안 보이는데 나뭇가지가 흔들리면
무언가가 진행되는 느낌이다

바깥

파도 따라 잔걸음치다가
결국에는 옷을 적시는 일 같은
가벼운 난감을 냉소할 일도 아니다

초인종 장난은 누구에게나 있으니까
누가 나를, 하진 말아야겠지
녀석도 최선을 다해 누르고 달렸겠지
뛰쳐나가야 잡을 수도 없으니
생활은 밑지는 것들을 수긍하며 채워지는 것이고
그런 악동이 더는 궁금하지 않아서
심야의 부재중 전화도 걱정하지 않았다

바쁜 택배원은 벨만 누르고 물건을 놓는다
외출할 때 반색하며 들여놓았던 상자가
들어오면서 아내의 반품임을 알았으니
기대감도 착각의 일종일 뿐이었다

바깥에 나가지 않는 것처럼

한 쪽도 읽지 않은 책들일지라도
서가에 빼곡한 모습을 보면 충만해졌다
술자리에서는
만나지도 않은 사람을 인맥이라 치부하는 기술이
난무하지만
현명한 사람은
친구의 부재를 연습한다고 들었다

유리창에 머리를 박으며 바깥을 갈망하는
나방의 최선에 공감했는데
택배 온 바지 품이 넓으면
기장이 짧은 날들이 이어졌다

에덴 입장권

그는 방을 먹고 산다
쪽방에 갇히고
월세동거가 버거운 우리들이라서
발 뻗을 권리를 그에게 찾는 것이다
예비 무속인처럼 우리가 임장해서
냄새 맡고 만져보고 열어보고
붙박이 가구들이 새 주인에게 누설할
불운 따위를 감지해야 한다
그가 배달음식 스티커 같은 덕담을 붙이는 동안
월세와 출퇴근의 손익분기점을 가늠해야 한다

고독은 일인 가구의 관리비 같은 것

방을 잡는다면 빈방을 잡아먹는 일이니까
방에서 빈방이 생기는
무한회전에 부동산 중개인 그가 터를 잡았다
우리 모두는 서로를 잡아먹고 있는 셈이다

사이

신음과 통증을 번역하는 전문인이다

의사 다음으로 간호사와 친밀해서
가족의 손을 잡아주고
환자의 상심들을 공감해준다
병실은 이별이 잦은 곳이어서
환자가 안치실로 내려갈 때마다
책임은 없어도
의사의 심정이 될 것이다
임종을 숱하게 보았을 테니
저승에 간다면 구면이 많을 테다

그이의 능력은 병세를 짚는 의술이 아니라
의사 표정을 가족에게 읽어주는 눈치 아닐까

우리는 간병인을
문병 갔는데
먼 친척인가 하면서 머뭇거렸던 사람

노모 곁에 갈 때까지
꺼지지 않는 엔진을 조립할 것
눈물 흘리면 멈춰버리는 경고장치를 부착할 것

스피닝 벤딩 밀링 같은 전문용어로
주문만 들어오면 받드는 골목이다
임가공은 명사인데 동사(動詞)가 깃든 것 같아
깎고 다듬고 광내는 뻐근함이 느껴진다

중국집 전단지에
면발이 불기 전에 배달하겠다고 적어놓는 동안
경인로 74길 짬뽕국물 노을이
서둘러 도착하고 있다

부품의 탄생

임가공이란 뜻은
주문대로 깎고 다듬어 광내는 공장들의 기술

간판에 쓰인 말들이
이러저러한 것들을 마련해드린다는 메뉴로 보인다
탱크도 제작한다는 자신감이다

나란한 공작소들에게 주문서를 넣고 싶다
오랫동안 사랑에 사용하지 않은 심장의 녹을 벗길 것
스테인리스 밥그릇은 얼굴이 비치도록 광을 낼 것
아이들용은 수저를 포함해 정성을 다할 것
휠체어 바퀴는 재료비만 받고 작업할 것

쇠붙이골목을 달려봐도 맴돌 뿐이라거나
달려가고 싶은 곳이 아득하다는 이에겐
고성능엔진을 추가로 주문하고 싶다

이직한 동료와

생계형 과장의 그는
후미진 집을 한적하다고
비좁은 거실을 청소하기 편하다고
역까지 30분인데 5분이면 충분하다면서
에덴 입장권을 남발한다

나뭇가지를 옮겨 다니는 새가 부럽다면
이사에 지쳤다는 뜻이다
부동산 중개인은 달콤한 제안을 할 테니까
방을 구하려면 그의 포장술조차 즐겨야 한다
눈총받아도 구겨지지 않는 표정의 그도
귀가할 때는 허우룩해질 것이다

가족에게
의자를 양보하는 사람 정도로 인식한다
잠시 앉았다 일어선다면 모르겠지만
누우면 30㎝ 짧은 보조침대에서
밤샘해봐야 절감하게 된다

통증은 성격 같아서 제각각이고
언젠가는 실체를 드러내는
테러범이다
간병인은 곁을 지키는 파수면서
주치의에게 전달하는 파발이다

단맛

햇살에 빨갛게 시달리다가
단내 나는 포기상태가 되어야
잘 익었다고 칭찬받는다

사과나무 밑에 은박지를 깔아서
궁둥이까지 빨간
일등급으로 키운다는
과수 영농법을 읽었다
사과는 인간이 징그러웠을 것이다

치유되지 않는 생채기처럼
사과는 제 안에
안 익는 부분도 있기를 바랐을 텐데
반사필름으로 거기까지 익혀버리는
기술이 끔찍했을 것이다

농익었다는 것은
곧 부패할 수 있다는 예고도 되고

나이가 많다는 트집을 숨긴 말이다
시월의 설렘은
말랑거리는 사과파이가 굳는 시간 동안만큼의
시고 달콤한 무엇일 뿐

어떻게 지냈느냐는
단맛인 척하는 안부 뒤에
제 호기심이 숨겨져 있는 것 같은 때는
시큼털털한
사과를 대접하고 싶었다

용역

지하주차장과 연결된
노인정 음식 냄새는 겹이 여럿이다
그이들의 막내딸 며느리가 떠오른다

점심 먹는지 청소원들 김치찌개가
지하주차장을 채우고
차량들 사이를 돌다가
환기구 쪽으로 나간다
눈으로 보고도 몰랐으면서
코로 노동을 느꼈다
관리소장 외에는 아무도 찾지 않는
계단 밑 컴컴한 자리가
두 발 거미 그녀들의 식당이고
쪽잠을 나누는 평상이고 친정이다
노인정에 앉아 있어도 충분할 나이인데
몸집보다 큰 물통을 밀고 가는 사람들이다
오늘은 된장찌개와 김치찌개가
서로를 밀치지는 않고

지하를 걸어가고 있다

분리수거일은
일주일 만에 햇빛 보는 날
업무외 작업으로 과로하는 날
누구에게나 있는 눅눅한 잔재들을
함께 치워주고 싶고 서로를 돕는 날
휴식은 빛이시니[*]
정규직 고용이 진리시니
하늘이 고용한 햇살이 환기구로 쏟아졌다

---

* 시편 27장: 主는 나의 빛이시니.

멜랑콜리아(melancholia)

비 오시는 날 혼자 먹는 점심인데
과로하는 내게 주는 선물인 양
비싼 꼬리곰탕을 시켰습니다

페인트 묻은 작업복 둘이
설렁탕 그릇에 조아리기 시작합니다
그들의 안전화 페인트 자국처럼
지워지지 않는 것들을 남기는 일이
생계 아닌가 싶습니다

뼈에 붙은 살점들을 발라먹습니다만
5시간 고았다는 안내 문구가 무색하게
뼈를 움켜쥐고는 한사코 놓지 않습니다
먹어야겠다는 생각으로 힘을 주다가
시틋해서 내려놓습니다
꼬리곰탕 수준으로 마음을 고아낸대도
떨어지지 않는 욕심들이
내 안에도 그득할 겁니다

사무실에 돌아오니 우산을 쓰고 다녔는데도
젖은 빨래처럼 무겁습니다
발뒤꿈치가 빗물에 녹아버렸는지
걸음이 허방을 디디는 느낌입니다
비설거지도 못하고 우왕좌왕하는 동안
결재판과 지출전표 사이로 어둠이 몰려옵니다
비오는 금요일 점심을 혼자 먹었을 뿐입니다
제풀에 그랬다는 말입니다

생인손

봄이 온다
춥다는 게으름의 핑계가 사라진다
결심은 손닿지 않는 등에 파스를 붙이는 일이어서
몇 장을 버렸고 환부를 빗나가 효과도 없었다
봄이 온다
실업자 된 방한용품 입간판을 바라보다가
계산대 앞의 사람들에게서 통장을 떠올렸다
잔고가 그득하다고 낭만의 봄인 것은 아니지만
통장이 배부를 때 풍경을 만끽할 수 있었다
절경을 즐기는 걸 '눈부르다'고 하련다

시를 매만지다가
세상 못된 여자에 빠진 남자가 되었다
부모는 제 자식들이 우애 깊기를 바라지만
내 시는 서로 안 닮은 사이이기를 바랐다
그 중의 생인손을 끌어안고만 있었는데
그 아이들이 퇴고지옥으로 초대했다

꼬맹이들 장갑은 눈사람을 기억하고
내 모자엔 부사 형용사 같은 망나니가
동료인 척하고 있을 것이다
나는 재연배우처럼 개성 없는 봄을 싫증 내니까
매화 목련 벚꽃이 생애 처음인 양 피어나 줄 것이다
애써 피웠다가 져버리는
꽃은 상심이 깊고
꽃샘추위는
꽃잎을 떨어트렸다는 죄책감의 몸부림이다

그미의 춘수(春瘦)가 데워질 때까지 기다려주는
눈빛 따듯한 정령이
목련 가지에 앉아 있다

바닥

열어보고 싶은 문이 많은지
벽면에 열쇠들이 가득하다

문은 내부를 보장하지 않았다
들어가보면 폐허였던 것이다

편마모된 뒤축이 뜯기니까
새것을 기대하며 구경했다
가로정비사업으로 여기가 뜯길 때
사람들이 웅성거렸다
타인의 불행과 제 것을 비교하면서
현재를 위로하는 방식일 테다

출근시간에 발 벗고 기다리다가
죄 없이 쫓기던 동독의 밀입국자인양
찰리 검문소^{*}를 떠올렸다

---

* 동서 베를린 사이에 있었던 입국 검문소.

수선은 없고 닦아나 주겠다는 검문을 통과하고
사무실로 들어갔다

이승을 떠나서도 망치를 놓지 못할 것 같고
몸이 연금인 그는
천국과 지옥의 국경에서도 구두를 수선할 것이다

그의 뒤축은 어떻게 닳았을까
종일 앉아있으니 새것처럼 반듯할까
낮은 천장을 모시느라 척추가 굽었겠지

직육면체 치료소가 거리를 지키고 있다
구두만 보다가 인간의 바닥까지 읽는 구두수선공
공중보건의가 대기 중이다

내린천

상류를 보면 맑아지다가
하류를 보면서 생각이 갈라집니다
저 물이 맑은 빈손으로 내 안에 들어왔다가
생각들 전부를 휘감아 내려가는 탓이겠지요

과실 한 알도 진력을 다해야 영그는 것처럼
천지간 합심으로 이만한 내를 이뤘을 겁니다

물을 쥐고 있던 뿌리들이 하나둘 놓아주면서
어린 물살들이 태어납니다
인제에 이르면서 허벅지 굵은 물살이 됩니다

너럭바위를 어루만지면서 휘감고 달래는 물발이
백 년 묵은 매듭을 풀어주고 있습니다
지병에 부대끼는 환자처럼
통증이 잦아들리라, 저절로 아물 것이라 기다리듯
하염없이 물가에 앉아 있습니다
이보다 큰 병원이 어디 있을까요

어둑발이 상류로부터 흘러들어 물이 진해집니다
단 하루간만이라도 짝을 찾겠다는 날벌레들 군무가
사무치도록 수면을 헤적입니다

태백성이 저 혼자 환했었는데
어느새 부엉이살림마냥 별들이 늘었습니다
다정의 발원지는 어디일까 헤아리다가
상심의 하류까지 짐작합니다
여름 내로 다 아물면 첫 단풍으로 기별을 넣고
내린천만큼 건강하게 돌아가겠습니다

빈자리 로드무비

                                            폭염주의보가 내렸다
                              연인이 사랑의 힘으로 밀착해 있다
                      버스 오는 쪽을 보는 척하며 부러워했다

땡볕이 들지 않는 쪽으로 앉고 싶은데
공교롭게 그 2인용 좌석에 덩치 큰 사내가 있었다
빈자리도 많은데 왜 제 옆이냐는 건지
거칠게 몸을 움츠렸다
닿지 않으려고
버스가 모퉁이를 돌 때마다 전신에 힘을 주었다

그가 거칠게 움츠린 만큼 박차고 일어서 내렸다
소심한 복수였다
내 속을 들킬까봐 그의 얼굴도 못 봤다

전철 승강장의 긴 의자에 앉아 기다리는데
백발노인이 옆으로 바짝 붙었다
버스의 그 사내가 떠올라서 예민해졌다

슬그머니 옆으로 옮겼는데 또 옮기는 것이다
다시 옆으로 옮겼는데 다시 따라왔다
버스에서 내릴 때처럼 박차고 일어섰다
(치매신가 싶어 애틋했다)

굳어버린 내 표정을 들킬 것 같아
스크린도어에 붙어 섰는데
옆을 보지 않아서 몰랐는데
노인은 아내에게 이리로 앉으라는 손짓을 했던 것이다
노인 쪽으로 힘겹게 걸어오는 아내에게
빈자리를 마련해주려는 사랑을
몰랐다
내게 밀착할수록 자리가 넓어진다고 생각하셨나보다
열차가 들어올 때까지 돌아보지도 못하고
서 있었다
두 분이 어느 자리에 있는지도 모르고
목적지에 내렸다가
아내의 손 잡고 계단을 오르는

그 백발노인 아니 백발신사를 보았다

골목마다 사람으로 끓어 넘치는
익선동에서 지인들과 모여
팔꿈치가 닿을 만큼 나란히 앉아 떠들었다

전철의 노부부가 서늘하고 널찍한 자리에서
토요일 편히 즐기시기를 바랐는데
그건 잊었다

IV

벙어리 종

습격처럼 눈 오면
이어질 속삭임에 설레니까 첫이고
가라앉는다면 생애의 마지막 아닐까
기억력은 배려 없는 속기사여서
우환도 빠짐없이 기록했다
첫눈 오면 창경궁 가자는 약속이
내 첫눈이었고
어긋났지만
스무 살 낭만이었다

봄눈에 막내를 걱정하는 아내에게
데이트하기 맞춤이지 무슨 근심이냐고
툴툴대다가 사늘해졌다
추억, 사랑, 하지 못한 것은
자식이라는 창으로 눈을 본 때문이다
부모는 자식이 두드릴 때에야 소리 내는
벙어리 종이고
자식이니까 정수리부터 뒤꿈치까지 보이는데

제 주름살은 못 보는 당달봉사다
눈물 번진 듯 어룽거리는 장면들
대화들이 그런 것처럼
모든 추억은 수채화였다

하늘은 퍼붓다가 밝아지고
강풍에 다시 컴컴해지는 것처럼
바꾸고 망설이는 까닭으로 삶이 돌아간다
속기사의 문장도 윤문(潤文)해주는
눈이 잦아들고 있다

절벽카페 엠클리프

혼자라서 다행이다

일행이 있었다면 중계방송 투로 노을을 떠벌이고 철 지난 것들에 덧칠했을 것이다만 혼자였다면 노을처럼 과장되고 노을만큼 미화된 감상주의에 침울했을 것이다 뛰어내려도 무방할 3층에 산다니까 안도하던 정신과 의사가 생각났다

절벽에 붙어 있는 해송이 위태로워 보였지만 신에게 저런 배역을 받은 것뿐이다 차가운 바닷바람을 무릅쓰고 전망 좋은 테라스 자리를 차지한 사람들은 추위에 지쳐 포기할 것이다 눈치껏 그 빈자리에 앉은 내 생활력을 곱씹었다 나가는 사람들은 주머니의 무료주차권을 더듬거릴 것이다

노을과 동업하는 카페에서 진한 커피를 마셨다

파주 성모요양병원

나이 먹으니 죄가 슬퍼진다
동조하고 싶을 만큼 낯설지 않다
우리는 죄책감에 찔린 부상병들이었다

나이는 제 종아리를 후려치는 싸릿대라서
봄마다 굵어지고 쓰라림이 길었다

안부삼아 저마다 고장 난 곳을 자랑했다
국산인데 60년 넘게 썼으니까
어머니 본전 뽑았다고
관리 잘 했다고 추어주었다
병명을 나열하면 종합병원 수준이다

애증의 상징 시어머니가 돌아가셨으니
아들보다 죄책감 깊을 아내를 잘 살피라고
상주 앞에 현명한 척했지만
30년 시부모 모신
아내에게서 알게 된 일이다

어머니 돌아가셨을 때
누나들보다 아내가 더 섧게 울었다

풋내 번지는 들판에
누구라도 막을 수 없는 어둑발에 밀려 돌아와
자식들이 보기에 편할 사진을
찾아놔야겠다 하면서
문상 다녀온 내게 문상하고 있다

새 옷

밤이 두껍고 끈적거렸는데
사늘하게 얇아졌다
몌별(袂別)의 11월이 다가온다

폭염에 지쳤다는 핑계가 사그라지기에
사람들은 무언가 다가오고 있다는 말로
가을을 반긴다
자신이 지쳤음을 모르는 상태가
지친 것 아닐까
여름에 청탁서를 받았을 텐데
잡지 발간 계절과 맞춤인 가을시를 보냈을
시인의 예감으로 가을은 온다

염천을 견디느라 시뻘게진 맨드라미에게
휴식이 온다고 물주는 일과
개량종 수입산이 넘쳐나도
토종 코스모스 너만은 알아볼 수 있다는
격려도 챙겨야겠다

폭우 끝났으니 실직한 장화들이
시무룩한 듯 선반에 몰려 있어서
코를 톡톡 두들겨주었다

당신에게선 왜 서쪽이 느껴지는 것일까
멈춘 분수 앞 벤치에 앉으면
핸드폰의 묵은 사진을 들추게 된다
산책이 길어지는 날이 많아졌다

새 옷 포기했는지
옷장 문 열고 머뭇거리는 당신 뒷모습에도
11월이 아롱거린다

호의

성당 첨탑이 뾰족한 것은
신에게 참견 당한 사람들의 신경질일 텐데
마당의 모과는 그득히 열렸다

기성복 류의 희망보다는
재출발하는 힘은 망각이었다
다 잊었기에 해보는 것이다
복직에 실패한 동료끼리 애써 웃으며
성당 첨탑이 보이는 음식점에서
국물 떠먹듯 안부를 나눴다
강한 자들은 선두를 차지하려고
서로 잡아먹느라 여념 없는데
약한 것들은 서로를 조롱하다가 시무룩해진다
국물 짜다니까 주인이 육수를 부어주었다
3퍼센트의 소금으로 강이 바다가 되듯
3퍼센트나 될까 하는 욕망이 녹아들면서
인간이라는 야수가 탄생했다

끓는 물에 처박혀도
낙지는 천천히 몸부림친다
경악도 저마다의 속도가 있는 것이다
녹아내리는 디저트 아이스크림 같은
우리들의 속수무책도 떠올렸다

가을 셔츠를 옷장에 넣다가
대롱거리며 달려 있는
떨어지기 직전의 단추를 만져보았다
날이 갑자기 추워져서인지
화분에서 죽은 벤자민을 뽑아놓았는데
생전처럼 다시 세워놓아야 하는지
영면하라고 화단에 뉘어주는 게 호의인지
저녁 내내 망설였다

다음 날

두통은 타악기
소리를 태우는 느낌의 바이올린은
역류성 식도염에 가깝다
현기증을 앓는 선풍기 앞에서
어제 음악회를 되짚어보았다

옥상에 빨래를 널어놓는 동안
비슷비슷한 구름이 몸을 섞었다
부모가 몇인지도 모를 구름은
수시로 얼굴을 바꾸고
바라보는 감정도 상간을 거듭하며
의심 질투 같은 괴물을 창조해놓았으니
여름 하늘만 보면 아득해지는
구름증을 앓았다
적란운(積亂雲)에는 어지럽다는 뜻 亂이 있다
그것들과 익숙한 기분일 때는
난초 이파리를 닦아주었다

티켓박스를 찾다가
많이 닮은 모녀를 보곤 애틋해졌는데
여자로서의 환란까지
유전될 거라 짐작했기 때문이다
미로의 공포를 겪었던 사람은
출구표지를 만났을 때 안도하기보다
먼저 그것이 진짜인지 의심할 것이다
내 자리를 묻는다면
화서(花序)일 거라고 기대했는데
가이드는 비상구를 가리키고 난 후에
B-A-S
좌석의 계급만 강조했다

점심시간

앞으로 나란하지만
핸들에 좌우로 비틀려지는 앞바퀴와
앞에게 끌려다니는 뒷바퀴처럼
버스 한 대에서도 운명은 엇갈린다

편마모 되는 뒤축 때문에 들렸는데
수선공이 편자를 교체하는 마부로 보였다
나는 고삐만 당기면 달리는 말이었다
구두 수선방에서
사방 230㎞라는 헝가리 대평원을 떠올렸다

좌우 반듯하게 고쳐진 구두를 신었으니
한쪽으로 맴돌지 않고
상사가 지시하는 방향으로 직진하는
착한 직원이 되기로 했다
건널목 건너가는 동료들 뒷모습에
험담과 열패감이 보였다
메뉴는 매번 바뀌더라도

밑반찬은 진급 야근 급여로 달라지지 않았고
좋은 사람 되려다가 쉬운 사람으로 알려졌었다

천국에 가면
또 구두수선을 하시겠느냐 물었더니
거긴 밤늦도록 외근하거나
폭우를 무릅쓰고 걸어야 할 일이 없어서
망할 거라 웃는 것이었다
힘 빠진 직장인들에게
멀리 출장 갈 수 있는 날개를 달아주는 건
어떻겠느냐고 물었다

날개나 구두로 애쓰더라도
구원의 방향을 모르는 것은 마찬가지다

청평호

하 많은 비밀들을 들었을 텐데 담담한
호수에서 고해소를 생각했다
살아온 일렁임을 엄살 부리고 싶어
드넓은 물만 바라보는 것이다
말하면 서늘해질 곳을 서로 잘 아니까
아카시아 꽃향기가 달곰해서
시럽도 필요 없겠다는 둥
우리는 말랑한 화제로만 에둘렀다
수면을 헤적이며 채록하는
물버들의 필체를 읽을 수 없다는 듯
나비가 팔랑거렸다

나이라는 죄를 지어서 엄살도 못 부리고
아비라는 종신형을 받아서 참기만 하고
남편이라는 굳건함을 자청했으니
댕돌같이 살았다
아픈 아들의 완치를 기원하는
눈 마주치면 눈 젖는 형편이니까

호수만큼이나 서로를 떠안고 싶은 사이여서
옆얼굴과 하늘만 번갈아보았다

행복과 우환이 갈마들어 불안해지면
왼손과 오른손의 이치라고 웃었다
호숫가의 하루를 잘 보내면
추억이라는 골동품이 되고
번민에 휩싸이면 고물상 개업하는 셈이라고
우리는 웃었다
오늘 오후는 우리 접시라고 믿었다
모든 속살거림이 다 담겼을 것이라고
생각이 많은 사람 눈빛은 호수만큼 깊다며
손을 잡았다

우기

살 부러지고 가느다란 자세만 남은
우산은 무능한 사내

한쪽 어깨를 적시며
나란히 걷던 신혼 시절을 떠올렸다
가사를 잊어버린 노래의 날들이었다
가랑비에 반질거리는 자두들에서
스무 살의 새콤함이 보였다

졸부의 선물처럼
사치스러운 능소화 아래 서서
후배들에게 남발했던 치기를 되짚었다

내일도 비가 올 것이다
자두와 능소화 같은
청춘의 눈부심이 잘 보이는 골목 말고
멀더라도 다른 길로 돌아왔다

가지고 싶은 것들이 많아지기 시작하면서
그걸 가지려다가 잃는 것들도 많아졌다
우산은 비 올 때나 으쓱했을 텐데
하늘이 종일 맑고
가을 들머리의 하루도 짧아진다
서로 키가 다른 아이들처럼
허리가 낡은 아내처럼
일인용 우산들이 모여 있다
접고 또 접힌 삼단우산은
우기 암송을 마친 수도사 느낌이다

서랍

잊고 싶다는 건
도무지 잊히지 않는다는 두려움일 것이다

서랍을 열었을 때
추억이라는 사서(司書)가
무엇을 잊고 싶으냐 물었다

어떤 것부터 선택해야 하는지
꺼내면 영영 사라질지도 몰라서
선택감옥에 수감당한 듯
만지작거리기만 했다

휘감은 팔을 풀지 않은 채로 말라죽은
메꽃 넌출을 풀어주려
손댔더니 바스러진 적 있었다
유리잔의 쨍그랑 소리와 같이
약한 것들은
부서지는 비명을 품고 있다

집행관인 양 서랍 안에 웅크린 것들을
들여다보고 만져보면서
나와 함께 끝까지 왔다고 수긍해주었다
시가 되지 못한 메모들은 구겼다

연기와 바람은 화해가 불가능한 것인지
서로를 밀치고 넘어뜨리고
허공에서 흐느적거린다
독한 것들을 견디고 있었던
메모지가 불을 만나 몸부림친다
빈 화분에 넣고 불붙였는데
눈이 맵다

해빙

어쩌자고 꽃에게 약속을 했을까
벚나무 망울이 부푼다
내가 한 일인데도 날짜를 모르겠고
흔들리는 잔가지가 재촉인가 싶어서
저릿해지는 것이다
생각이 많아 속부터 녹았을
우체국 앞 눈사람의 물 자국이
상형문자 유서로 읽혔다

사통팔달 못 갈 곳 없는데
외롭다는 사람들만 늘어가는 걸까
주소를 적고
우편물을 단단히 여미는 것은
수신인과의 이별을 바라지 않는 소망일 테다

나 자체가 지옥이니까
어디로든 발송해주면 고맙겠다
봄바람 전부를 비용으로 써야겠지

겨울은 아이스 아메리카노의 얼음이 녹는 것처럼
보이지 않게 스러질 것이다

낮이 길어져 남아도는 햇살이
우체국 주차장에 가득 쌓여 있다
이상(李箱)은 상자라는 상(箱)을 필명으로 했으니
택배를 예감한 천재시인 아닐까
그가 보낸 택배엔 시집이 들었을 것이다
건축가였으니 우체국 설계도면도 넣었으리라

가슴에 맺힌 무언가가 녹는 느낌이고
피어나는 꽃을 감당하지 못하겠다는
고백을 봉투에 적었다

프레임

작은 풀꽃을 보면
한 송이 꺾어주고픈 마음이 일었는데
목련만은 정령이 내려다볼 테니까
그러지도 못했다
당신과 가만히 서 있었다

카메라 프레임 바깥의 엑스트라인 양
애써봐야 헛일이라고 실망했다가
이러다 감독 눈에 들지도 모른다고
손에 힘을 주었다
감독은 어디 있는지 모르겠고
생은 희극인가 비극인가 궁금해도
답을 알면 싱거워질 것 같아
모른 척하며 살았다
친구들이 조명을 자청해서
내 심장의 컴컴한 곳을 비춰주었다
그 덕분에 환해지고 외출해서
공원의 물무늬를 바라보곤 하였다

돌아오니 택배 상자가 기다리고 있었다
택배시대의 유서는 '부재 시 문앞'
일 거라고 웃었지만
부재는 외출을 의미하니까 은둔보다 긍정적이다

어제 갔던 호수공원 벚꽃들이 어룽거린다
사람에 밀려가며 올려다보던 꽃보다는
빛 덩어리 같은
서재 창밖 꽃송아리를 주문하고 싶다
취할 수밖에 없는 꽃 시절이니
술잔은 연말까지 미뤄두자 했다

그때는 더 큰 잔을 꺼낼 것 같다

무지개

구름의 다이어트회 가입신청은 반려되었다
먹장구름 안색으로 흠뻑 울어놓고
뭉게구름으로 돌아와
풍만해졌던 것이다
신성한 나날이 지루한 신은
천국 입학시험에 슬픈 문제를 내는데
천사보다 인간의 점수가 높다
선량해서 들어가는 게 아니라
이승의 슬픔을 이해하는 사람이 합격하는 것이다

만점짜리 슬픔의 왕은 신의 치료가 끝나면
코미디언으로 환생한다
실컷 웃으면 눈물이 나는 까닭이다

무지개는 비보다 늦게 왔다
환난이라는 폭우가 휩쓸어 가버린 후에야 떴고
아름답지만 아무것도 못 해냈다
인내심은

난관을 무릅쓰다가 생긴 근육이었는데
남에게 자랑하지 않고
후일을 위해 간직했어야 했다
구름은 포기하지 않았기에
날씬하고 명랑한
가을의 새털구름으로 변신했다

비 오면 우산 사준 사람을 회상하는 것은
천국의 성인동화 때문이었다
저기, 갓 태어난 신입회원 구름이 온다

2,000

돼지의 자서전은 체중이다

고심을 거듭했는데도 살이 쪄서
시의 공격을 막아내느라
야윈다고 둘러댔다

문단공원의 어느 살구나무는
열매를 자랑하지 않고
사철 이파리를 바꾸느라 분주하다가도
겨울이면 늙음을 간소하게 꾸렸다
남모르게 뿌리를 깊게 키웠을
처세를 배우고 싶었지만
거리엔 훈수만 그득하고
선생은 드물었다

미욱한데 엄살도 안 떨고
담장 위에 홀로 앉는
고양이의 태도를 익혀야 했다

문장은
성장할수록 살을 파고들어 찌르는
퇴고의 내향성 발톱이었고
그 통증이 극심할 때마다
창작의 고난 운운 허세를 키웠으니
비장함은 실속 없는 자들의 가면이었다
나를 거절하며 써야 했다

돌아가야 폐허일 뿐인데도
2,000편을 부러지며 절뚝이며 쓰다가
결승선으로 확신하고 달려가보면
반환점이었다

자서전의 띄어쓰기가 틀린 것마냥
여기까지 툭- 툭- 걸어왔다

해설

크로키 고현학

이재훈(시인)

　사실 슬픔은 시인들이 적확하게 사용하기 어려운 관념어이다. 너무 진폭이 넓기 때문이다. 이 세계의 슬픔은 차고 넘친다. 가장 비싸고 고귀한 슬픔으로부터 헐벗고 가난한 슬픔까지 저마다 자신이 처한 슬픔이 다르다. 전영관 시집 『슬픔도 태도가 된다』(2020, 문학동네)에서의 슬픔사(史)는 이중적인 함의를 담고 있다. 먼저 자신의 실존이 슬픔 속에서 자라왔다는 자기고백이다. 자기고백은 기억과 생활을 모티브로 한 많은 시에서 그렇듯 연민과 공감의 테두리에서 소통된다. 전영관은 조금 다르게 그의 산문집 제목처럼 『슬픔에 참견하지 않는 마음』(2024, 삼인)이라는 언사를 통해 슬픔을 객관화하려는 태도를 보여준다. 어쩌면 슬픔의 실존과 객관화는 현대사회에서 꼭 필요한 덕목인지 모른다. 모두 신산한 세월의 풍파를 거쳐 왔지만, 그 고단한 시간들이 자신을 향할 때는 객관화가 되지 못하며, 타자를 향할 때는 위로와 연민보다는 냉소의 형태로 곧잘 드러나기 때문이다. 시는 처절하게 언어의 긴장 즉 감정의 드러냄과 숨김의 텐션으로 미학적 완성도를 측정한다. 어떻게 드러내고 어떻게 숨길 것인가. 전영관은 다섯 번째 시집에 이르러서 내부에서 외부로, 연민에서 기쁨으로, 갈등에서 대화로, 전이되며 이 두 축을 오간다. 가령 가장으로, 아들로, 엔지니어로 성실하게 살아온 삶이 고단한 시간이 아니라 그것들을 의미 있는 시간으로 전이한 매개체는 바람이나 구름이나 봄이다. 자연의 이미지는 시인의 내면을 투사하는 탁본으로 역할하지만, 그 자연은 나의 실존과 노동을 성찰하지는 않는다. 그런 자연의 배경에서 다시 거리의 사람들과 세태와 누추한 장소들과 세속의 물건을 관찰하는 것으로 다시 전이된다. "타인의 슬픔에 참견하지 않는 마음"을 기원하는 시인은 장소에 대해 누구보다 눅진한 마음을 가지고 있다. "장소는 사라져도 감정은 남는다"(「참견하지 않는 마음」)는 전언이 이를 잘 증명한다.

이번 시집은 전영관이 도시의 거리를 소요하며 바라본 슬픔의 고현학이다. 도시의 바람과 빌딩과 거리와 정류장들은 객체인 자연이 아니라 시인의 삶에 주렁주렁 매달린 주체의 이미지들이다. 고현학은 도시를 직접 걷고 관찰하는 것을 통해 당대의 사회를 이해하고 사유하는 방법론이다. 거리의 소요는 책상에서의 철학보다 확연히 당대의 진실을 증언할 수 있다. 때론 열 개의 촛불을 모두 끌 수 없는 일이라며 연대의 표상을 얘기하기도 한다. 연대는 성찰로 이르는 길이다. "사들일 때는 신선했는데/ 거기서 거기인 것들이 옷장에 걸려 있"는 것이 늙은 동창회 모습 같았는데 결국 "분리배출장에 나앉은 물건들"을 보니 같은 생각이 드는 풍경(「수동태」)을 보면서 "분리배출의 분리가/ 주인으로부터 분리당한다는 뜻"이라고 성찰하는 것을 확인할 수 있다. 일상적으로 경험하는 자동차의 정기검사를 통해 "질병은 아픔에 시달리는 일/ 절망은 아팠던 곳이 모두 다 기억나는 일"(「정기검사」)이라고 생각하는 것이라고 성찰적 메시지를 전하기도 한다.

> 골목은 길고양이 울음처럼 여러 갈래로 번식했다
> 산책에서 돌아오려면
> 나갈 때의 감정을 밟고 와야 한다
>
> 폭발하는 청춘이었을 텐데
> 노인들은 다 쓴 부탄가스같이 시시해졌는지
> 장기판에 몰려 있다
> 이젤에 야쿠르트 홍보문구를 얹고 있는

여자는 미대졸업생이었을까

이젤은 제 전공이 미술에서 상술로 바뀌어

당혹감에 시달릴 것이다

어깨 넓은 청년도 아니고

힙 업(hip up)한 아가씨도 아닌

할머니가 체육관 전단지를 내밀었다

안 오면 나처럼 낡는다는 경고로

근육 같은 주름을 곁들이며 내밀었다

노년에서 벗어나고 싶다는 히치하이킹으로

지나는 청춘들에게 손짓하고 있었다

스콘(scone) 부스러기를 터느라

가슴을 두드리는 것 같은 여자와 눈 마주쳤다

걱정거리가 쏟아진다면

그 부스러기만큼 가벼웠으면 싶었다

햇빛 받을수록 꽃도 많이 핀다니

기분 가라앉을 때

여기 양지받이 카페에 한나절 앉아 있으면

힘을 얻을 것 같았다

그 창가의 베고니아처럼 햇빛만 즐기고 싶었는데

오후가 노을빛으로 녹슬어버렸다

—「오후의 크로키」 전문

크로키는 짧은 시간에 전체의 동작과 모습을 포착하여 표현하는 미술기법이다. 자세하고 정교한 묘사보다는 동작과 인상의 특징을 빠르게 잡아내는 스타일이다. 이성적이고 논리적인 관찰보다는 인상적인 직관의 힘을 중요시하는 시에서 크로키는 대상을 통해 핵심을 파악하는 힘을 잘 드러낸다.

화자는 햇빛을 잘 쬘 수 있는 카페에 앉아 골목길에 오고가는 사람들을 빠른 속도로 관찰하고 이를 해석한다. 시인의 관찰은 삶 속에서 힘을 얻는 행위이다. 화자는 골목의 여러 갈래 길을 응시한다. 그 골목은 시인이 나갔다 들어온 공간이다. 아직 골목길을 오가며 느꼈던 감정이 그대로 남아 있다. 시인이 바라본 사람들은 노인과 여자, 할머니들이다. 노인은 "다 쓴 부탄가스" 같고 장기를 두며 시간을 보내고, "이젤에 야쿠르트 홍보문구"를 얹은 여자는 "미술에서 상술"로 바뀐 자신의 모습에 당혹감을 느낀다.

전단지를 내미는 할머니는 청춘들에게 전단지로 손짓하며 노년에서 벗어나고 싶어한다. 스콘 부스러기를 터는 여자는 걱정거리를 터는 것처럼 보인다. 시인이 바라본 골목길 사람들의 모습은 좋은 시절을 통과하고, 헛헛하고 누추한 자리에서 생을 지탱하고 있는 사람들이다. 이곳의 사람들은 꿈을 꾸고 있다. 다시 봄날 같은 삶 혹은 새로운 유토피아의 삶이 펼쳐지기를 꿈꾼다. 하지만 세속의 삶은 골목길 오후의 크로키에서 보이듯 에덴동산과 같은 천국이 아니다. 우리가 살아가는 세속은 치열한 삶 혹은 무료한 삶이 뒤섞인 누추한 곳이다.

고현학의 핵심은 도시를 산책하며 걷고 관찰하고 기록하는 것이다. 시인의 오랜 명명중 하나인 '견자(見者)'의 태도는 고현학의 태도와 사뭇 비견된다. 시인은 도시의 이곳저곳을 소요하며, 순간적인 장면들을 직관의 힘으로 포착해낸다. 전영관은 거리의 디테일로 사회를 읽는다. 즉 거리를 통해 바라본 사회학이라 칭할 수 있다. 현대인들의 행동을 통해 간접적으로 사회를 진단한다. 쓸쓸한 곳, 무너진 곳, 누추한 곳, 화려한 문명의 변화를 통해 문명인의 습속과 거짓된 인식을 재단한다. 이런 사소하고 일상적인 표징을 통해 지금, 우리의 모습을 시사한다.

    그는 방을 먹고 산다

    쪽방에 갇히고

    월세동거가 버거운 우리들이라서

    발 뻗을 권리를 그에게 찾는 것이다

예비 무속인처럼 우리가 입장해서
냄새 맡고 만져보고 열어보고
붙박이 가구들이 새 주인에게 누설할
불운 따위를 감지해야 한다
그가 배달음식 스티커 같은 덕담을 붙이는 동안
월세와 출퇴근의 손익분기점을 가늠해야 한다

고독은 일인 가구의 관리비 같은 것

방을 잡는다면 빈방을 잡아먹는 일이니까
방에서 빈방이 생기는
무한회전에 부동산 중개인 그가 터를 잡았다
우리 모두는 서로를 잡아먹고 있는 셈이다

생계형 과장의 그는
후미진 집을 한적하다고
비좁은 거실을 청소하기 편하다고
역까지 30분인데 5분이면 충분하다면서
에덴 입장권을 남발한다

나뭇가지를 옮겨 다니는 새가 부럽다면
이사에 지쳤다는 뜻이다

    부동산 중개인은 달콤한 제안을 할 테니까

    방을 구하려면 그의 포장술조차 즐겨야 한다

    눈총받아도 구겨지지 않는 표정의 그도

    귀가할 때는 허우룩해질 것이다

    ─「에덴 입장권」전문

  현대인에게 도시 속에서 살아가는 방(房)이란 공간은 가장 중요한 장소이다. 우리가 자고 먹고 살아가는 공간인 방은 자본주의 사회에서 계급과 부의 척도를 드러내는 상징적 공간이다.

  시에 등장하는 '그'는 방에 붙어서 먹고사는 사람이다. 방을 구하기 위해 살펴보는 방(房)은 누추한 공간을 화려한 공간으로 속이는 글이나 말에 해당한다. 우리는 "쪽방에 갇히고/ 월세동거가 버거운" 사람이기에 방을 소개하는 말들은 모두 지푸라기라도 잡는 심정으로 받아들인다. 하지만 방을 소개하는 말들은 모두 현혹된 말들이다. 시에서 말하는 "에덴 입장권"은 지금 자본주의를 살아가는 우리를 현혹하는 아이러니이다. 후미진 집은 한적한 곳이며 비좁은 거실은 청소하기 편하며 역까지 30분이지만 5분이면 충분하다고 말한다. 이러한 말들은 거짓인 줄 알면서도 속아주며 자신을 위로하는 말들인 줄 안다. 어쩌면 우리들은 이러한 말을 듣기 원하며 누추한 자신의 공간을 조금이나마 위로받을 지도 모른다.

방은 무한회전처럼 누군가가 나가면 또 누군가가 들어오는 곳이다. 그렇기에 "붙박이 가구들이 새 주인에게 누설할/ 불운 따위"를 알아야 하며 "배달음식 스티커"를 이전 공간을 살아간 사람의 덕담으로 받아들여야 한다. 시가 드러내려는 "방을 잡는다면/ 빈방을 잡아먹는 일"이라는 언사는 결국 "우리 모두는 서로를 잡아먹고 있는 셈"이라는 것을 인식케 한다.

중요한 점은 우리가 중개사의 방과 같은 포장술을 즐겨야 한다는 데 있다. 그래야 "달콤한 제안"이 술수가 아니라 진짜 달콤한 말로 받아들일 수 있기 때문이다. 시는 확고한 풍자로 향하며 아이러니의 언어로 가득하다. 비유적 표현인 "예비 무속인처럼", "배달음식 스티커 같은", "일인 가구의 관리비 같은" 비유와 "발 뻗을 권리", "가구들이 새 주인에게 누설할/ 불운", "방에서 빈방이 생기는/ 무한회전", "에덴 입장권", "달콤한 제안", "포장술"과 같은 아이러니의 언어는 시의 주제를 전달하는 데 유용한 역할을 적재적소에서 하고 있다.

　　담장에 길게 얹힌 개나리 열차를 타고
　　북국(北國)으로 올라가고 싶었다

겨울이 길어 웅크린 가족들에게
개나리 웃음을 한 움큼씩 건네면
가슴이 훈훈해지겠지
아이들은 기지개 켜듯이 한 마디씩 자라고
젖 물리는 어미의 볼우물에
그 어미의 어미가
블루베리 딸 때의 허밍이
고여 있겠지

아이들은 순록에게 말을 배워서
욕설도 모를 테니까
좌절 없는 직선과
사랑이 충만하라는 곡선으로
손금을 그어주련다

콧날은 산맥이고 이마가 평원인 사내와
몸태가 시냇물 같은 여자가
아이를 낳고 동생을 낳고
막내까지 일가를 이루어
순록을 따라가는 곳
슬픔은 눈물을
상처는 피를 감추고 있으니까

그런 것들도 얼어붙어 괴롭히지 못하는 곳

　일상의 거리를 떠나
　제 욕심만 졸라대는 굿거리 말고
　귀해서 감추던 것조차 나누는
　플리마켓을 열고 싶었다

　　　　　　　　　　　　　　　—「플리마켓」 전문

　마켓은 문명과 소비가 응축된 공간이며 자본의 일상이 집약된 공간이다. 플리마켓은 서로 안 쓰는 물건을 나누며 선한 영향력을 주고받는 행사이다. 시인은 플리마켓에서 문명 시대의 상품이 아니라 내가 가진 가장 귀한 시간과 문명을 나누고 싶다는 점을 전달한다.

　시는 환상의 공간으로 즉시 진입한다. 개나리열차는 그곳을 인도해 주는 기관이다. 시인이 닿고자한 곳은 북극이다. 그곳은 개나리 웃음으로 가슴이 훈훈해지는 곳이며 어미의 어미들이 허밍을 하는 곳이다. 또한 아이들은 순록의 말을 배워 악담과 욕설을 모르고, 사랑이 충만한 곳이다. 이마가 평원인 사내와 시냇물 같은 여자가 아이를 낳고 상처가 있더라도 괴롭히지 않는 곳이다. 즉 "일상의 거리를 떠나/ 제 욕심만 졸라대는 굿거리"가 아니라 "귀해서 감추던 것조차 나누는/ 플리마켓"을 열고 싶다고 전한다. 이러한 공간은 시인이 꿈꾸는 에덴과 같은 유토피아의 세계이다. 시인은 늘 현실을 떠나 혹은 현실을 넘어서는 이상향을 꿈꾸는 자들이다. 이상향이 현실과 무관한 곳에서 이루어진다면 그곳은 엉뚱한 꿈에 지나지 않는다. 무엇보다 현실을 감각하고 기대어 있을 때 이상향은 우리의 극사실로 받아들여질 것이다. 전영관의 시는 누구보다 현실을 섬세하게 감각하고 이를 성찰하며 새로운 이상향을 꿈꾸고 있다. 하여 있는 현실을 뛰어넘어 있어야 하는 당위적 현실을 직시하는 시의 지향점을 잘 드러내주고 있다.

시인은 플리마켓뿐 아니라 카페에서 세계를 바라보기도 한다. 카페의 테라스에 앉은 시인이 바라본 하늘은 "결막염을 앓는 듯"(「카페 테라스」) 불투명하다. 구름 또한 하얀 결벽증을 앓고 있다. "꽃 보러 오기에는" 너무 이른 계절이기 때문이다. 시인의 시선은 늘 불구의 대상에 자주 멈춘다. 숨 쉬는 것들을 감싸는 자연도 "테라스 밑에서 바닥을 긁던/ 고양이"도 울음으로 닳아버린 불구의 존재로 채색된다.

시인은 현대인들의 일상을 관찰에서만 그치지 않고 자신이 직접 겪은 경험을 통해서도 전달한다. 가령 층간소음에 시달리는 화자는 "이불 덮는 연기경력 40년"(「층간소음」)이지만 밤새도록 층간소음을 들어야 하는 시간은 힘겹기만 하다. 할머니가 밤에 마늘을 찧는다. 그 할머니는 "둘레길을 야단치듯 힘차게 걷는" 힘센 할머니이다. 시인은 이불을 뒤집어쓰고 자는 연기를 펼치지만 쉽지 않다. 그런 시간들 속에 혼몽의 시간 속으로 들고난다. 초등학교 동창을 만나기도 하고, 취업문제로 아버지와 겪으며 펑펑 울었던 시간을 소환하기도 한다. 일주일 만에 만나는 딸과 아내의 눈빛을 떠올리기도 한다. 우리의 일상은 현실에 발 딛고 있지만 현실이 꿈이나 기억의 시간과 결합하는 순간, 또다른 현실을 맞이할 수도 있다.

    비둘기의 하체 운동과
    코끼리 다이어트 비법서를 판매합니다

    새를 꿈꾸면서도
    상사 앞에선 고개 숙여 걸어다니는 비둘기라서
    가족과 오래오래 지상에서 화목하고 싶으니까
    하체 강화가 절실했던 것이죠
    날아오르는 모습은
    뛰어가는 영업사원 느낌입니다

    코끼리가 게을러서 비만이라는
    편견을 다이어트 해야 합니다
    코끼리를 따라다니면

한나절도 못 가서 지칠 겁니다

저임금을 견딘 장기근속자 같은

느린 장거리 선수거든요

독서는 영혼의 호흡과 마찬가지라서

24시간 중단 없이 영업합니다

야간 알바로 부엉이를 떠올리시겠지만

그이는 심야 사냥에 바쁜 가장이니 비번입니다

오후 내내 흥얼거린 뻐꾸기를 채용했습니다

충분히 쉬었으니 업무효율이 높을 겁니다

안 보이는 데서 애쓰니까

가장은 실외기 같은 존재죠

손님 지혜의 무게만큼 책을 선물하는

개업 100주년 특별행사를 시작합니다

신의 저울인 만큼 눈금 류의 등급은 없습니다

펭귄의 보온양말

곰의 겨울잠 베게도 선물합니다

마르크스의 노동은 근육을 연상하지만

MZ세대는 상상의 넓이에 따라 시급이 결정됩니다

— 「마르크스 책방」 전문

시인이 제시한 책방의 이름은 마르크스이다. 자본론을 쓴 마르크스는 계급과 분배와 평등을 부르짖은 경제학자이며, 사회주의의 이론적 토대를 마련한 철학자이다. 다양한 코드의 아이러니와 여러 겹의 비유를 통해 지금 우리의 문명과 물질적 현실을 풍자하고 있다. 마르크스 책방에는 "비둘기의 하체 운동과/ 코끼리 다이어트 비법서"를 판매한다. 특별 선물로 줄 수 있는 선물로는 "펭귄의 보온양말"과 "곰의 겨울잠 베게"도 있다. 비둘기의 하체 운동을 읽어야 하는 독자는 비둘기이다. "상사 앞에선 고개 숙여 걸어다니는" 비둘기이기에 하체 운동을 해야 하는 것이다. 코끼리는 다이어트를 해야 한다. 코끼리는 게으르고 비만이라는 편견을 깨야 한다. 코끼리야말로 "저임금을 견딘 장기근속자 같은/ 느린 장거리 선수"이다.

이런 책을 판매하는 책방은 자본주의의 노동자들을 분석하고 대안을 내놓은 판매 공간과 같다. 비둘기와 코끼리는 자본주의를 살아가는 노동자의 현실과도 같다. 독서는 24시간 끊임없이 해야 하는 것이지만 그렇게 살지 못한다. 오후 내내 흥얼거린 뻐꾸기를 야간 알바로 채용할 수는 있겠지만 밤새 뻐꾸기나 날릴지 모를 일이다.

자본주의 사회에서 가장은 가장 힘든 책임을 부여받은 존재이다. 끊임없는 노동의 현장에 투입되어야 한다. 이런 노고를 가족들은 잘 알아주지 않는다. 안 보이지만 늘 애쓰며 살고 있다. 그렇기에 "가장은 실외기 같은 존재"라고 명명한다.

마르크스 책방은 손님들을 위해 특별행사를 한다. 지혜가 없는 지금 이 시대의 세태를 직시하는 이벤트를 연다. MZ세대는 상상의 넓이에 따라 시급이 결정된다는 재치도 함께 판매한다. 시의 모든 설정은 비유와 아이러니로 이루어져 있다. 책방의 공간을 자본주의의 판매 공간으로 유비하고 이를 둘러싼 비둘기와 코끼리는 노동자의 전형으로, 독서와 책방의 이벤트 등은 지금 우리가 해야 하는 덕목과 세계관을 아이러니의 언어를 통해 간접적으로 시사한다.

원탁에 앉아

허세와 질투로 범벅한 안부를 나누는

탁자 아래에도 신발들이 모였다

잘 닦인 명품과

팔순 노파 느낌의 운동화와

체중을 견디느라

신경질만 남아 뾰족해진 하이힐과

요양보호사처럼 푹신한 굽을 장착한 로퍼가

서로의 코를 바라보는 것이다

시궁창을 디딘 날과

남에게 굽죄이어야 했던 사정을

숨기고 엎드려 있지만

신발은 구김살을 감추지 못한다

명품이건 낡았건 싸구려이거나

신발은 태생부터 엎드린 자세다

귀가하면 그들의 음성이 방까지 따라와

이명으로 맴돌았다

귀신처럼 얼굴들이 흘러다녔다

신발을 버리고 돌아서다가

쓰레기차 번호를 습관처럼 외웠다

약자의 보복은 잊지 않는 것이기에

보복할 것도 아니면서

난폭운전 당할 때마다 차 번호를 외웠다

만 번 참으면 갈 수 있다는

천국의 문 비번일지 모른다고 생각했다

쓰레기통에 구겨넣은 구두가

허리 굽혀 입을 크게 벌리고

웃고 있었다

―「피로연」 전문

시인이 모색한 고현학은 비단 사람들에게만 집중하지 않는다. 사람들이 매일 신고 벗는 신발에게까지 시인의 촉수는 가닿는다. 원탁에 앉은 사람들은 "허세와 질투로 범벅한 안부를 나누는" 관계이다. 그런 사람들의 관계 속에서 그들이 신는 신발을 주목한다. 신발도 모두 사람들처럼 모여 서로의 코를 바라보고 있다. "잘 닦인 명품"과 "팔순 노파 느낌의 운동화", "신경질만 남아 뾰족해진 하이힐", "요양보호사 같이 푹신한 굽을 장착한 로퍼"가 모두 모여 있다. 신발은 모두 사연이 있다. "시궁창을 디딘 날"도 있으며 남에게 굽신거리거나 숨기고 엎드려 있는 날도 있다. 신발은 이런 풍파를 감당한 존재이기에 "태생부터 엎드린 자세"이다.

신발은 현실 속에서만 존재증명을 하지 않는다. "음성이 방까지 따라와/ 이명으로 맴돌"기도 한다. 쓰레기차 번호를 외우거나 난폭운전 당할 때마다 차 번호를 외우는 약자의 보복은 신발이 모두 알고 있다. 이런 신발을 쉽게 버리기 어렵다. 엎드려 있는 신발은 화자의 모든 비밀을 알고 있다. "쓰레기통에 구겨넣은 구두가/ 허리 굽혀 입을 크게 벌리고/ 웃고" 있는 지금의 이미지를 화자는 잊지 못하는 것이다. 그런 풍경이 피로연이라는 장소와 맞닥뜨리면서 역설적인 의미를 재생한다. 축하와 잔치와 버림의 상관관계를 신발을 통해 간접적으로 직시한다.

한 정거장

전에 내려서 걸었다

동네 길목이라 곳곳이 환하니까

전지전능을 느꼈다

마음대로 해도 되는 신이 된 셈이라서

건강 금연 같은 것들을

아버지 댁에 가져가고 싶었다

진창을 디딘 것 같은 밤에

별을 찾다가 노래방 네온사인을 보았다

여럿이 모인 자리에는 항상

색 하나 빠져도 무지개라 희망하는 사람은 있었다

혼자 있는 것을 좋아하는 이유에는

타인의 환멸이 옮아오지 않도록

스스로를 보호하려는 심정도 있을 것이다

손금이 얼굴까지 번진 노인이

구겨진 폐지를 움켜쥐다가

얼굴을 괴고 앉아 있는데

잔주름 가득했다

마트에서 갓 태어난 쓰레기 박스 부피를

노끈으로 어림잡고 있었다

신은 등기우편도 모르는지

　　행운은 지인들에게만 배달됐는데도

　　실망하지 않았다

　　인스타 헤비 업로더의 포스팅인 양

　　직장에서의 거짓말들을 털어냈더니

　　솔직한 사람이 된 것 같았다

　　일기에 자책만 거듭한 것은

　　나를 멀리 배웅하는 법을 몰랐던 까닭이었다

　　달은 어린 천사의 박하사탕

　　절반 넘게 녹아 있었다

　　타인 관찰일기를 쓰는

　　한 페이지가 넘어갔다

—「박하사탕」 전문

　고현학의 세계는 화려하고 멋지거나 너무나 남루한 장소보다는 누구나 매일 경험할 수 있는 가장 일상적인 장소에서 더욱 빛을 발한다. 시인은 정거장에서도 그냥 지나치지 않는다. 내려야 할 정거장에서 내리지 않고 한 정거장 전에 내린다. 그런 이유는 거리의 풍경과 습속들을 관찰하고 느끼고 싶어서이다. 동네 골목은 이미 환한 조명으로 가득하고 조명이 없더라도 곳곳이 환할 정도로 잘 알고 있는 곳이다. 시인이 바라본 시공간은 "진창을 디딘 것 같은 밤"과 같은 물질과 감정으로 가득한 곳이다. 시인이 바라본 시적 대상은 "별을 찾다가 노래방 네온사인"을 발견한 곳이며, "손금이 얼굴까지 번진 노인"을 만난다. 노래방 네온사인에서는 "색 하나 빠져도 무지개라 희망하는 사람"을 떠올리며 욕망의 그릇을 떠올린다. 그렇기에 "혼자 있는 것을 좋아하는 이유에는/ 타인의 환멸이 옮아오지 않도록/ 스스로를 보호하려는 심정도 있을 것"이라는 경험적 진술을 끌어내올 수 있다. 시인은 마트에서 쓰레기 박스를 노끈으로 묶는 노인에게 행운은 찾아올 것인지 알 수 없다.

 시인의 고현학은 "타인 관찰일기를 쓰는 것 같은" 형식으로 형상화된다. 시적 화자는 정거장을 내려 이곳저곳을 소요하며 네온사인의 상점들과 남루한 인간들의 모습을 관찰한다. 그것을 통해 희망의 근원을 떠올리며 문명을 살아가는 지금 우리의 현주소를 감각케 한다. 이 모든 것을 비추고 있는 배경은 달인데, 시인은 달을 가리켜 "어린 천사의 박하사탕"이라고 명명한다. 달빛을 바라보며 살아간다면 우리에겐 어린 천사의 사탕 같은 희망이 불현듯 찾아올지도 모를 일이다.

청색지시선 16

에덴 입장권
전영관 시집

초판 1쇄 발행 2025년 8월 20일

지은이　　전영관
펴낸곳　　청색종이
펴낸이　　김태형
인쇄　　　범선문화인쇄
등록　　　2015년 4월 23일 제374-2015-000043호
주소　　　서울시 영등포구 문래동2가 14-15
　　　　　경기도 양평군 옥천면 웃새말길 53
전화　　　010-4327-3810
팩스　　　02-6280-5813
이메일　　bluepaperk@gmail.com
홈페이지　bluepaperk.com

ⓒ **전영관, 2025**

ISBN 979-11-93509-18-0 03810

이 책은 저작권법에 따라 보호받는 저작물이므로 저작권자와 출판사의 허락을 받아야 복제하거나 다른 용도로 사용할 수 있습니다.

값 12,000원